# 私の体験的
# グループワーク論

現場ですぐに役立つ実践技法を伝えます　前田ケイ

金剛出版

# はじめに

　社会には，人を支援する多様な専門職の方や専門職と一緒に働いているボランティアが多くおられます。将来そのような支援職につきたいと勉強していらっしゃる方もまた数多くおられます。この本はそのような方のために書きました。

　この本の中心テーマはグループの持つ力を仕事に活かす，グループワークという支援の方法です。私はソーシャルワーカーとして，精神科病院，保健所，精神科クリニックのデイケア，多様な精神保健関係の地域事業所，更生保護施設，少年院，刑務所などでグループワークをしてきましたが，いつも他職種の方がたとチームを組んで働きました。支援者のチームワークこそ，グループワーク成功の鍵だと思っています。

　この本では，グループワークの原理・原則を説明し，私が馴染んでいる認知行動療法理論に基づく SST（social skills training）やソシオドラマなど，グループで使える方法やその中で使える技法をたくさん紹介しています。私自身の体験ばかりでなく，先進諸国での理論や感動的な実践についても書きました。

　私がグループワークと出会ったのはむかし，むかしの 1955 年の秋，ニューヨークにあるコロンビア大学大学院で，ソーシャルワークを学び始めた 24 歳のときでした。

　帰国してから数年して結婚，子育てをしていましたが，1967 年から東京

YWCA学院で，さらに，1977年からルーテル学院大学でソーシャルワークやグループワークを教えました。数多くの学生に実習指導も行い，私自身もいろいろ学びましたが，精神科病院の実情には深く心が痛みました。なぜ，日本では，こんなにも多くの患者さんを長く入院させているのか，なぜこのように地域でのリハビリテーション・サービスが少ないのかと怒りすら感じ，なんとかしたいと考え続けました。

　1983年には集団精神療法研究会（のちの日本集団精神療法学会）に入会しました。同年，その会が招いたザーカ・モレノ（Zerka Moreno）のサイコドラマの研修を受け，それ以来，仲間たちとサイコドラマやソシオドラマの研究と実践に励みました。

　1988年に来日したリバーマン博士（Robert P. Liberman）のワークショップに参加し，SSTのやりかたを具体的に知り，同年3月から東大病院デイホスピタルでSSTを始める医師たちの仲間に入れて頂きました。それから現在までの33年間，ずっと医療，福祉，矯正教育，更生保護などの分野でSSTの実践を続けてきました。この本の事例にSSTを多く紹介しているのは，それがとても当事者のみなさんのリハビリテーションに役立っているからです。

　長年にわたって，私は恩師，教え子たち，当事者メンバーのみなさんから，実に多くのことを教えて頂きました。この本で紹介したエピソードのどれもが，私自身を一人の人間として，また，職業人として成長させてくれました。事例やエピソードに登場する皆さまに心からお礼を申し上げます。

　2021年10月

前田ケイ

# 目　　次

# 私の体験的グループワーク論

現場ですぐに役立つ実践技法を伝えます

# 第1章

# 人を支援する仕事について考える

> 支援専門職の価値観について考え，日本社会における精神科の疾患を持つ人についての考え方の変化，先進国におけるリカバリーの考え方を紹介する。支援する場の整え方についても論ずる。

## I　支援の仕事の基盤となる価値観

　この本ではグループの持つ力を活かして人を支援する方法について述べますが，そもそも，人はどのような考えがあって他の人を支援するのでしょうか。歴史を通じて多くの宗教家，哲学者がこのテーマを論じてきましたし，いろいろな分野の社会科学もこのテーマを研究してきました。私自身はこのような大きな課題に対する答えを明確に示せるわけではありませんが，人を支援する専門職はそれぞれ依って立つ価値観を明確にしています。価値観とは，世の中はこのようにあるべきだ，人はこうあるべきだと強く信じている考え，と言ってもよいと思います。

　私は大学4年生の時，文化交流留学生としてハワイ大学で社会学を学びました。ハワイ大学の正門には "Humanity is above nations." という理念が掲げられており，これは，自分が戦争中に教えられてきた考えと，どこがどう違うかを深く考えてみなくてはと，そこにたたずみました。ハワイ大学の社会学概論の先生が「人間社会の一番の特色は助け合いです」と講義された

ことも記憶に残っています。もちろん，人の命を奪う行為は日常的におき，地球上には戦争におびえて暮らす人たちがたくさんいます。それを直視しながらも，命の尊厳を守る仕事に従事する人がこの地球上に数多くいる事実に希望と勇気をもらっています。

　私はソーシャルワークが専門ですが，大学院に入った時，まず第一に支援の基盤である価値観について教えられました。2014年に制定されたソーシャルワーク専門職のグローバル定義では，最も中核的な価値として，社会正義（social justice），人権（human rights），集団的責任（collective responsibility）（注：同じ共同体の一員としてみんなで果たすべき責任という意味）多様性の尊重（respect for diversities）の四つをあげています。この価値観がソーシャルワークという仕事の基盤となる原理（principles）で，このような価値観を実現すべく，人びとの暮らしと，それを守ることのできる社会の変革のためにソーシャルワーカーは働いています。

　しかし，忘れていけないのは，それらの価値を信じて仕事をするのはあくまでも人間です。阿部志郎先生は，そもそも人間はいつも自己優先で，他人は相対的，自分は絶対的と認識する自己中心的な存在なので，「福祉の仕事をするというのは，人のために何かをすることですけれども，それは同時に自分のなかにある弱さ，醜さをいかにして乗り越えていくか，という努力のプロセスでなければならない」とおっしゃっておられます[注1]。この大切な努力をいつも忘れないでいたいと思います。

　もっとも，上にあげた基本的な原理はソーシャルワークばかりでなく，人を支援する専門職が等しく分かち合う価値観でしょう。このような共通の価値基盤の上に立って，それぞれの支援専門職は科学的な研究を進め，仕事を導く理論を育て，方法と技法を発達させ現場での対処力を持つ専門職業人を育てていきます。

　しかし，日常の業務に，これらの基本的な価値観を活かして働くことはどの専門職にとっても容易ではありません。仕事にはそのための具体的な工夫が必要で，その工夫が「実践の原則」を生みだします。例を紹介しましょう。

　ある年，私のSST研修会に参加して下さったひとりに，若い特別支援学

中核的価値を日頃の支援に活かす工夫

校教員の依田麻美先生がおられました。依田先生はすらりとした身体と色白の優しい顔立ちの若い女性ですが，おそらく教壇に立つと，「さあ，一緒にやりましょう」のオーラで生徒さんを引きつけるだろうと思われるエネルギーの持ち主でした。当時の担当は高校生。生徒さんには知的障害や発達障害を持つ人が多いので，コミュニケーションの方法をどう教えるかを研究するなかで認知行動療法を基盤とするSST（social skills training）を知ったとのことでした。SSTについては第5章（116-126ページ）で説明しています。

　依田先生はSSTの「本人のできないところではなく，いま，できているところに着目し，まず，そこから伸ばしていく」考えが気に入りました。ある日の授業で，SSTを始める前に，生徒さんたちに，小さな紙を配り，「さあ，自分のいいところを書いてみましょう」と明るく呼び掛けたそうです。ところが，生徒さんは依田先生の意表をつく行動にでました。「いいところ

なんてあるわけがない！」「悪い所は書けるけど，いいところなんて書けないよ！」紙をくしゃくしゃに丸めて先生に投げつける子や紙をゴミ箱に捨てに行く子もいました。「わかった，わかった」と依田先生はクラスを立て直すことに懸命で，いったん，このアイデアから撤退しました。

依田先生は家に帰ってから一所懸命考え，次の日，生徒さんに言ったのです。「君たち，ドラえもんのいいところはどこだろう？」ドラえもんの良いとこ探しは誰も傷つかず，みんなが乗ってきて，次は，のび太君，それから，ジャイアン，と続けました。ジャイアンは乱暴のようですが，見方を変えると友達思いのよいところがあるという，認知再構成（リフレーミング）の練習に最適でした。良いとこ探しは，更に，学年の教員，担任，クラスの友達と段々と自分に近づけていくという流れにしました。良いところを言われて喜ぶ人をたくさん見ているうちに，みんなは「自分も良いところを見つけてほしい」「自分の良いところはどこだろう」と思うようになり，とうとう，どの生徒さんも自分のいいところをあげることができたそうです。

私は，この依田先生の工夫から生まれた実践は，昔からソーシャルワークで言われてきた「当事者の現状から始める（Start where they are.）」という大事な原則に通じると思いました。生徒さんが一番関心のある，取り組みやすいところから始めるということですね（注：この原則については第7章166-168ページで説明しています）。

依田先生の生徒さんは，物事の考え方や行動に特別のこだわりを持つ人が多く，家でも学校でも，まわりの人からあれこれ，注意されてばかりで，いつの間にか自分自身を「よいところのない駄目な人間」と考えるようになっていったのでしょう。まわりの人が自分にどう接し，どのような言葉をかけるかによって，自分とは何者かという考えが作られるという社会学や心理学の知見を裏付けるエピソードです。しかし，個人の尊厳を高め，成長を促す教育の価値を実現するために，教育のプロは依田先生のように日夜工夫しておられるのです。

## Ⅱ　支援者と当事者との関係

　支援者は通常，支援の第一歩であるエンゲージメント（engagement）やインテーク（intake）の仕事を通して，これからの取り組みに必要な支援者・当事者相互間の関係づくりを始めます（エンゲージメントやインテークについては第 7 章をお読み下さい）。

　支援者と当事者の関係はこれまで信頼関係，ラポート，ラポールなどと呼ばれてきました。支援者側が提供するサービスを利用することに当事者が合意するとその人は利用者（またはクライエント）と呼ばれるようになります。しかし，支援者と利用者相互間の関係づくりは別にインテークやアセスメントの段階だけに付属する課題ではありません。両者の関係は支援の各段階で支援者が意識して用いていく支援のための媒体で，その関係がサービスの終結段階で終わる時には，注意深く適切な終わり方をしなくてはならないものです。

　近年，アメリカのソーシャルワーク実践では司法関連のきまりによって本人は支援を希望しないが，支援者と面接して支援を受ける手続きを公的な権力を伴って始める場合が増えています。たとえば自分の子どもを虐待した親に裁判所が命令して，家族療法を 6 回受けさせる場合などがあります。自分はまったく望まないのに支援を受けさせられる人たちが始めから支援者に信頼をよせることはめったにないでしょう。支援者はそれでもベストをつくして，関わりをもとうと働きかけます。

　日本でも 2005 年（平成 17 年）から施行された心神喪失者等医療観察法によって，この法律の対象者をクリニックや就労支援事業所が保護観察所と連携して受け入れ，支援にあたる実践が行われています。さらに更生保護法によって，法的な権力で，保護観察所に集められ，保護観察官の支援のもと，グループに参加して薬物再利用防止などの治療教育的な処遇を受ける人たちもいます。このようなグループについては，第 3 章（73 ページ）に紹介しています。

信頼関係がすぐには出来にくい，そのような当事者であっても，ワーカーと当事者が一緒にやるべき作業を進めていく相互関係を従来の信頼関係に代わって，作業関係（working relationship）という言葉で表しているアメリカのテキストもあります。しかし，私はミレーらの教科書（2017）が，支援する人，支援を利用する人の相互関係を「協力し合うパートナー」と表現しているのが気に入りました。当事者の多くは生活を立て直すために，支援者を信頼しなくとも協力しあわなくては前へ進むことが困難です。支援者は当事者と一緒に一歩でも前に出る，共に同じ方向を向いて歩み出すパートナーシップという概念が私には好ましいものに思えます[注2]。パートナーシップをイメージしてみると相互が人間として平等で，同じ目的に向かって肩を組み，一致協力して困難に立ち向かう姿が見えます。

## Ⅲ　介入効果に及ぼす支援者と当事者との関係

　ヘップワースらのソーシャルワーク実践のテキスト（2017）ではソーシャルワーカーの支援的介入の効果を四つの要因別に調べて，その影響の度合いをパーセンテージで示しています。研究の結果だけを紹介しますが，きわめて興味深いものです。

　これにより支援者の努力の及ぶ要因のうち，いちばん治療効果に影響が大きいのは支援者と当事者との関係であることがわかりました。この関係がどのような最新のエビデンスのある方法を使うときの効果よりも，取り組みの結果に大きな影響を及ぼすという研究結果は興味深く，支援者は全人格をもって当事者と向かいあう重要性を感じました。

## Ⅳ　精神の疾患を持っている人に対する認識の変化

　よいパートナーシップを組むという考えは，相手を同じ人間として平等に見るという態度が基本になっています。私たちの支援を必要とする人はさまざまですが，この節では，精神の疾患を持っている当事者を日本では歴史的

治療的介入の効果に影響する要因とそれぞれのパーセンテージ

| | |
|---|---|
| ①クライエント自身またはクライエントの環境的要因<br>（注：支援者の影響外の事由） | 40% |
| ②支援者とクライエントとの関係 | 30% |
| ③クライエントが治療やサービスに抱く期待など | 15% |
| ④支援者が使う理論モデルに基づく方法や技法 | 15% |

（D. H. Hepworth, R.H. Rooney, G.D. Rooney, K. S. Strom-Gottfried , Direct Social Work Practice: Theory and Skills, Cengage Learning, 10th ed. p.91, 2017）

に，どういう人としてみてきたのか，そして，世界の流れはどういう方向にむかっているのかを検討したいと思います。

## 1.「隔離しておく患者」という認識

1900年（明治33年）に公布された「精神病者監護法」により，戸主は精神科の病気にかかった家族員を自宅の一隅などに監置できることになりました。東京帝国大学教授で「日本精神医学の父」と呼ばれるようになった呉秀三先生が1918年（大正7年）に「精神病者私宅監置の実況及び統計的観察」という調査報告書を発表され，私宅監置の悲惨な実態を明らかにされたのは有名な話です。

呉先生は1919年（大正8年）に都心から郊外（現在の世田谷区）に移転した府立松沢病院（現在の都立松沢病院）の院長として，作業療法を本格的に進めるため，加藤普佐次郎医師を責任者に命じられました。その具体的な成果の一つが松沢病院の敷地内の池と築山になって，いまも残っています。当時，一緒にその作業療法の運営にあたっていた看護長前田則三氏が，のちに加藤先生を追悼する本に寄せて，次のような文を書いています。

「昭和7年（1932年）初秋の某日，作業療法に参加していた患者諸君と医員，看護夫，作業手等の無礼講的懇談会が催された。それは人権を停止せられて，被監置状態にある精神病者が，完全な人格の持ち主として職員

と対等な立場において自由に，また集団的にその意見や欲求を述べることができたという意味において，劃期的な精神病院内の出来事であった」

さらにその席上で一人の患者さんが述べた次のような言葉も紹介しています。

「わたしはこの病院に入ってから，かれこれ十二，三年になりますが，このような会合にのぞんだのは今日が初めてであります。入院当時の私達の生活は，まったくのきちがいの生活，いや，けだものの生活でありました。それが今日のように，人間らしい生活をすることができるようになったのは，加藤普佐次郎先生が，いろいろ改革せられ，献身的に働いてくださったおかげであります」[注3]（加藤清光編集『白天録』自家出版，p.278，昭和44年（1969年））

　入院患者さんの数が私宅監置を上回るようになったのは1928年（昭和4年）だと言われていますが，入院している家族を見舞いにくる人たちの多くは，自分の身内がその病院に入院していることを人に知られたくない思いから，松沢病院の前にあった電車の停留所で降りずに，その先の停留所で降りてわざわざ病院まで一駅の距離を歩いてもどったとのことです。
　私は1940年代に小学生でしたが，その頃住んでいた札幌市の郊外には誰もが知っているH精神病院がありました。教室で授業に集中できない生徒がいると先生は「おまえはH行きだ！」と叱り，私たち生徒は先生の軽口がおかしくて笑いました。先生の人権意識を問題視する人は誰もいませんでした。小学生でも「H病院は入ったらもう出てこられないところ」と思っていました。

## 2.「精神障害者」という認識

　戦後の日本に目を転じてみましょう。日本精神病院協会ができたのは，1949年（昭和24年）ですが，40年経った1990年（平成2年）に協会は「40年」という記念の本を出しています。その本のなかで，私の注意を引いたのは占

領軍の指導でした。若い人はあまり意識していないかもしれませんが，駐留軍（実質的にはアメリカ人）は戦後約7年間の占領時代に日本の教育，保健，医療，福祉の向上のために，さまざまな改革を試みました。精神病院協会のもと常務理事，松原太郎氏は金沢市にある松原病院院長でしたが，「40年」の回想記のなかで，次のように述べておられます。

「……当時絶対の権力を持つ進駐軍は各地の病院を視察して，天井がすすけている，便所が汚れている，こんな病院は患者を治療する場所ではない，と厳重な監督を始めたのである。

東京ではマニトフという女性が病院長を呼び集めては，初めて聞く病院管理の説教をしては叱りつけるので怖れられた。マニトフ旋風といわれ，老年の病院長が若いアメリカの女性の前に頭を並べて指示を受ける図は，滑稽というよりは悲愴なものがあった」（社団法人日本精神病院協会『四十年』p.391，平成2年（1990年））

プロ意識にあふれたアメリカ女性に，病院とは「隔離・収容」する場ではなく，「治療する場」であり，病院は合理的に管理運営すべきだと自分たちの病院の改善をきびしく「指導」されたことは，日本の男性にとって大きなカルチャーショックだったでしょう。このような「旋風」も吹き，1950年（昭和25年）には，まだ占領下の日本で「精神衛生法」が成立しました。

精神衛生法では精神の病を経験している人を精神障害者と呼んでいます。病気だけをみる「患者」という概念よりは，生活全体を見て支援するという精神障害者という概念は一歩進んだ良い面がありますが，まだまだ，生活に対する権利の主体という位置づけには遠いものでした。

精神障害者という言葉は，その後にできたいろいろな法律にも使われているので，私たちはいま普通にこの言葉を使っています。しかし，当事者やその家族は「精神障害者」という言葉をどう受け止めるでしょうか。

先進国では，かなり以前から当事者の権利運動を経て，障害を持つ人自身の意識やまわりの人の見方が変わり，呼び名も変わってきました。た

とえば，1990 年に制定された「障害を持つアメリカ人法」の英語名は Americans with Disabilities Act です。障害を持つアメリカ人法は正式には「障害に基づく差別の明確かつ包括的禁止について定める法律」という長い名前で，差別は許さないという明確な理念が読み取られます。注意したいのは，この法律では障害者という言葉を避けて，障害を持つ人という表現を選んでいます。障害者（disabled person）という，その人の存在全体が障害されている感じを避けて，障害を持つ人と呼び，障害されている部分もあるが健康な部分もあるという事実を正面から見る姿勢を打ち出しています。このような表現はほかの先進国にも広がっています。

　私は 2003 年（平成 15 年）にイギリスの報告書，「精神疾患を経験した人たちによるボランティア活動の調査」を東京都精神保健福祉ボランティア連絡協議会の児玉和夫さんと一緒に翻訳しました。この小冊子は当事者が行うボランティア活動を調査した報告書ですが，この表題も英語では精神障害者となっていませんし，文中，何度も「精神障害者」という表現を避けて，たとえば「精神保健上の困難を持っている人」とか「精神保健の問題を持つ人」などと表現されていました。私は児玉さんと相談して，その理念を大事にして，長い原文をそのまま忠実に訳しました。

## 3. リカバリーの道を歩む人としての認識

　1990 年代に入って，リカバリー（recovery）という概念が広まってきました。主導的な役割を果たしたアンソニー（W. Anthony）はリカバリーとは精神の病を体験した人が「障害とそれに伴う社会的不利を乗り越えて，新たな価値観と人生の目標を見いだすことである」と述べていますが，[注4] アメリカ政府の統一見解とするリカバリーの定義は「個人が健康と幸せを高め，自分の決めた方向性に基づく人生を生き，もっている力を存分に発揮しょうと励む変化のプロセス」ということです[注5]。

　私は最近『下手くそやけどなんとか生きてるねん。——薬物・アルコール依存症からのリカバリー』という本を著者の渡邊洋次郎さんから頂きました。その本の帯に〈精神科病院入退院，48 回。刑務所，3 年服役。「施設太郎」

だった私の，生き直しの道〉とあり，生き直しという言葉の上にリカバリーというカタカナが振ってありました。リカバリーとは生き直しのことだ，と渡邊さんのおかげで私の理解が深まりました<sup>(注6)</sup>。

2002 年，アメリカのビレッジという精神保健福祉サービスを統合的に提供する団体の責任者，マーク・レーガン医師（Dr. Mark Ragins）が『リカバリーへの道』という本を書かれ，「2003 年，アメリカでは大統領の精神保健委員会がアメリカの精神保健システム全体はリカバリー基盤へと変えられるべきであると提言し，その目標を達成するための一連の政策が具体的に提案されたので，いまやリカバリーは理念とインスピレーションの世界から政策と実践の世界へと進歩した」と述べています<sup>(注7)</sup>。

精神疾患を経験していても，本人自身が新しい人生の目標を持つことを尊重し，それを支援する態度は世界のいろいろな国に広がっています。

2014 年，オーストラリアにある西オーストラリア州は「精神保健憲章」を制定しました。西オーストラリア州の人口は，約 200 万人，その大部分が美しい州都パース市周辺に住んでいます。パースには西オーストラリア大学もあります。オーストラリアは英語圏ですので，メンタルヘルスの領域でも英米の変化を取り入れやすく，進んだ研究と実践があります。15 項目からなる州の精神保健憲章は立派なものですが，ここでは第 3 原則だけを翻訳して紹介します。

西オーストラリア州の「精神保健憲章」：第 3 原則
「メンタル・ヘルス・サービスは本人中心の考え方を高く掲げ，精神病を体験している人たちに可能な限り最善の結果が得られるように，本人の体験，ニーズ，好み，抱負，価値観，スキルなどを考慮に入れながら，目標を目指した治療とケアとサポートが提供されるべきである。

メンタル・ヘルス・サービスは，精神病に関して積極的で力強いリカバリーに焦点をあてた態度を奨励していくべきである。人は精神疾患から回復できるし，現に回復して充実した生産的な生活を送り，地域社会に有意義な貢献をしている人たちがいることを広く伝えなくてはならない」<sup>(注8)</sup>。

いまや，世界の先進的な国々のいろいろな人たちが当事者をこのように認識し，この考えに立って精神保健福祉サービスを進める時代になってきたことを覚えたいと思います。

## V　当事者や家族に出会う場を整える

支援を求めてくる人の大部分は不安と緊張を抱えたまま，医療施設や就労支援事業所等を訪ねてきます。まず，一番大事なのは，受付の職員の笑顔でしょう。ソフトな声で，丁寧に心から接しましょう。

建物のあちらこちらに，訪れる人の緊張感を下げ，気持ちを和ませる雰囲気作りを工夫しましょう。絵，写真，書などを飾る，花を活ける，緑の植木鉢を置くなど，効果的な工夫をしているところが少なくありませんが，まったく考えていないように見えるところもあります。

最近読んだ斎藤正彦先生の『都立松沢病院の挑戦：人生100年時代の精神医療』という本には，先生が2012年に院長として就任されてからの改革の取り組みが書かれています。先生が始めて病院の玄関ロビーの飾り台を見た時，そこには何も飾られていないばかりか，「ひどいときには台の上に掃除の道具が載っていた」そうです。しかし，いまでは斎藤先生の熱意で「ほぼ毎週ボランティアでこの飾り台に季節毎の置物と生花を組み合わせた見事なディスプレイ」が見られるようになっています。また，同じフロアーに図書室があり，そこには，自分の病気についてもいろいろ学べる本が置かれているそうです[注9]。

最近は小さな精神科のクリニックが沢山出来ていますが，利用しているクリニックの評価をインターネットに書き込んでいる利用者の感想に目がとまりました。「静かな落ち着いた内装，白と緑あふれるデザインのインテリアが診察前の不安を和らげてくれるようでした」いいですね。これは秋田のクリニックです。

ある大きな病院の中の医療相談室では「こんな心配事はありませんか」と廊下側のドアーに患者さんが持っているかもしれない心配事，たとえば，

「医療費の支払い」「介護の困り事」「お酒の問題」その他の心配事の項目を書き出し，「それは，ここで相談できます」と PR していました。わかりやすいですね。また別の病院の例ですが，医療相談室のドアーにはボランティアさんが作ってくれた刺繍の「相談室案内」をかけて，部屋のテーブルには野の花を挿した小さな花瓶を置いていました。野の花は優しい感じです。存在感の強烈な薔薇の花などは相談に来る人の気持ちに添わないので避けているそうです。また，相談しながら思わず涙を流す人のためにさりげなくティッシュを渡すことができる用意もされていました。幼い子どもを同伴してくる人のために，子どもが一人で遊べるおもちゃ，お絵かきノートや絵本などもありました。来談者を思いやるというのは，このような細かい心配りが必要なのですね。いろいろな相談室を訪れた経験がある来談者の言葉です。「この相談室では，お茶が茶托に載せられて出されたので，初めて一人前に扱われていると感じました」

　照明も大事です。あまりにも明るい部屋では心に重い話は口にしにくいものです。レースのカーテンなどは障子と同じように光りの強さを和らげてくれます。面接の場所を磨りガラスにするなどの工夫もいいでしょう。物理的な環境のあり方が来談者の心理に大きな影響を与えますので，来談者が訪れる前に注意して，部屋を点検し，準備にあたりましょう。思わぬ災害があるとき，この診察室や相談室からは，どの避難口を使うかについて，いつも意識して安全第一を心がけましょう。

（注1）阿部志郎監修・著／市川，村田，岸川ら『福祉に生きる君へ──私は何を伝えてきたか』，p.21，燦葉出版社，2021．

（注2）K.K. Miley et al, : Generalist Social Work Practice: An Empowering Approach, 8th ed., Pearson, p.80, 2017.

（注3）個人的なことになりますが，加藤普佐次郎は私の夫，前田大作の伯父であり，前田則三は私の義父にあたります。前田則三は非行に走った少年らを保護し教育する施設，北海道家庭学校に勤務していましたが，大正10年3月から精神科疾患の研究のために松沢病院で看護見習いとして働き始め，大正11年10月に看護長に任じられ，作業療法の実務責任をとるようになりました。

（注4）江畑敬介「アセスメントの目的とその進め方」精神科臨床サービス，1巻2号，p.7, 2001．

（注5）グランホルムほか（熊谷ら訳『認知行動 SST，上巻：基礎実践ガイド編』p.6，2019）にアメリカ連邦政府保健省薬物依存精神保健サービス部 Substance Abuse and Mental Health Services Administration の定義がある。

（注6）渡邊洋次郎『下手くそやけどなんとか生きてるねん』現代書館，2019.

（注7）Mark Ragins : A Road to Recovery. 2002.（前田ケイ監訳『ビレッジから学ぶ リカバリーへの道』p.7，金剛出版，2005）

（注8）詳細は，Mental Health Act. Charter of Mental Health Care Principles, 2014. をインターネットで検索して下さい。

（注9）斎藤正彦『都立松沢病院の挑戦』p.10，岩波書店，2020.

# 第2章

# グループワークという支援の方法

> グループワークの定義，グループに関係する諸概念，
> グループの持つマイナスの力を説明したあと，グルー
> プの持つプラスの力を7項目に整理して説明する。

## I　グループワークという支援の方法

　グループワークとは支援者が支援の目的を達成するために，グループの力
を意識的に使っていく方法のことです。よく研修会などで講師の講義を聴い
た後，小グループでテーマについて討議するため「これからグループワーク
の時間にします」と言うときがありますが，この場合のグループワークとは
参加者が小グループで作業することを意味しています。この本ではそれと
まったく違い，支援者が特定の支援をするためにグループの持つ力を意識的
に使っていく方法について書いています。

　方法（method）とは，ある目的を達成するためにとられる順序だった手
続きのことです。支援者はその手続きのなかで，必要で効果的なテクニック
または技法を使っていきます。たとえばSSTという方法のなかではロール
プレイという技法を用います。支援者には状況に応じて適切な技法を巧みに
使っていく能力（skills）が必要です。方法，技法，対処能力（スキル）と
いう相互の関係が明白なこれら三つの概念を良く理解しましょう。

## 1. ソーシャルワーク教育のなかでのグループワーク

アメリカのソーシャルワーク教育は大学院から始まりました。ソーシャルワーカーの使う方法としてのグループワークがコイル（Grace Coyle）という女性の先生によって，初めてウエスタンリザーブ大学院で教えられたのは1923年のことです。1952年（昭和27年）にアメリカのソーシャルワーク教育協議会（Council on Social Work Education）がソーシャルワーク教育のカリキュラムを定め，入学時からケースワーク，グループワーク，コミュニティ・オーガニゼーション（CO）の3専攻別に分かれて勉強する方針を決めました（この協議会は申請する大学や大学院にソーシャルワーク教育を行う資格があると認可を与える権限を持っています。日本では文部科学省の仕事です）。そのため，それ以降，学生は大学院に入学する前から，自分の専攻を決めていることが必要でした。

私は1955年に大学院に入学する時，専攻はグループワークにしました。まだ若くて人生経験が少ない自分にはケースワークよりはグループワークのほうがやさしそうだと単純に考えたからです。でも，入学してすぐにその間違いに気がつきました。結論から言えば，グループワークもけっこうむずかしかったのです。卒業生は当時ソーシャル・グループワーカーと呼ばれて，グループを取り扱う専門の仕事をしました。

しかし，ソーシャルワーカーの教育を，始めからクライエントの人数別に分けて専攻させるカリキュラムに疑問を持った人たちのおかげで，1969年には，すべてのソーシャルワーカーは個別面接もグループ支援も地域組織活動もできなくてはという考えに基づき，ソーシャルワーク教育協議会ではジェネラリスト（generalist）養成の新カリキュラムに変えたのです。私はこのカリキュラム方針はよいと思っていますが，そのため，残念ながらグループワークの研究者が減ったことはいなめません。

## 2. すべての対人支援者にグループワークの理解がほしい

この本は，グループワークの方法を学び，実践する人をソーシャルワー

カーだけにしたくないと思って書いています。すでにいろいろな専門職が連携して働く時代になっているので，それぞれの専門性を持つ支援者がグループに関心を持ち，グループの力を活かして連携しながら必要な支援を行っていきたいものだと考えています。

## Ⅱ　グループとは何か

　グループとは何でしょうか。人が集まっているだけの状態を社会学では集合体と呼び，集団（グループ）とは区別しています。典型的な集合体は，電車が止まってしまい，大勢の人が駅に集まり，沈黙のまま運転の再開を待っている状態でしょう。そこには，まとまりのある相互作用はありません。

　これに比べて，グループとは，共通の目的を持ってその目的達成のために相互に作用しあう複数の人間の集まりです。グループが目的のために何を行ったかを英語では group content（内容）と言い，自助グループが行うグループ活動とか，支援者がいて，メンバーと一緒にグループで行うことを決めていくグループ・プログラムなどと言われるものと同じ意味です。どのような相互作用でその活動が行われたかを group process（過程）と捉えています。「何をするか」と「どのようにするか」に関わる，この二つの概念はグループワークの成果に影響する大事な概念です。

### 1. メンバーの数

　グループとは何人からでしょうか。一番小さなグループは支援者を除いて当事者が二人です。同じような状況に置かれ，同じような課題を持つ人が二人いれば，そこには仲間意識が生まれ，相互作用が生じる可能性があります。たとえば，精神科病院に入院中の患者さんが退院に不安を持っているとき，すでに退院した患者さんに協力してもらい，医師のいるところで当事者に退院後の生活を具体的に語ってもらうと，その場はすでにグループワークの場です。たとえ医師が診察室で 5 分以上の時間がとれなくても，きっかけさえ作ってあげれば，あとは，廊下の長椅子に座ってでも，当事者たちは，

その続きを話すことができるでしょう。

　それではグループは何人までででしょうか。この質問に対してコノプカ（Gisela Konopka）は「個別化が可能な人数まで」と言っています[注1]。つまり，一見大きな人数のように見えてもメンバーの一人ひとりを独自の存在として把握できる状態であれば，それをグループと言うことができます。

　たとえば，入院患者さんが60人いる精神科病棟でも，基本的には24時間同じ空間で生活しているので，支援者は一人ひとりをよく把握しています。集団精神療法に熱心な精神科病院では，病棟ミーティングを持っていますが，そのようなとき，その集まりはたとえ50人を越えても一つのグループです。支援者は，その病棟グループのなかで，患者さんの間にどのようなテーマが取り上げられ，どのような相互作用が見られるかに注意を払いながら，必要な支援をしていきます。

## 2. グループワークをする場所

　これまで，グループワークは人が同じ空間に直接集まっている「対面グループ」だけと思われてきました。グループが集まるにはプライバシーが守られる部屋が必要と普通には思われています。しかし，どのような目的でグループ・プログラムを行うかによって，場所の選び方も異なってきます。レクリエーションなどが中心の活動をするときは，病棟の食堂などで会合を持って，ある程度他の人も見学することができる場所であると，かえってほかの患者さんの刺激になっていいこともあるでしょう。私がある病院の閉鎖病棟でSSTのための準備グループをやったときの事です。病棟の患者さんたちをコミュニケーション能力別に三つのグループに分けました。一番コミュニケーション能力を取り戻すために支援の必要が大きい患者さんのグループでは，ウォーミングアップ活動として子どものときの遊びを再現してもらい空想の毬遊びをしました。するとまわりで見学していた多くの患者さんたちも一緒に大きな声で「あんた方どこさ」の毬歌を歌ってくれました。これは見学していた患者さんたちが，次は自分もグループに入りたいという動機付けにも役立ちました。

　通常の生活環境を離れて大自然の懐に抱かれるようなキャンプ地では青少年の社会的成長を促すプログラム活動を楽しむことができます。しかし，キャンプ場の良さは青少年だけに限りません。ある精神科の病院ではキャンプ地で入院患者さんと夜，キャンプファイアをして，いろいろな人が暗闇の中で燃える薪の炎だけを見ながら，自分の病気の経験を一人ずつ話しました。するとこれまで病棟で全然話をしたことがなく，「話せない人」とみんなに思われていた患者さんが自分の話を始めたのです。これには，みんな驚きましたが，それはキャンプファイアを取り囲んでいる暗闇のなかのグループの場だからこそ可能だったのでしょう。青森県の病院の話です。

　私が大学の教員だった頃，毎月，大学の教室で自分の子が精神科の病気を経験している家族を招いて「家族会」を開いていました。そのとき一人のお母さんが「ここでは誰にも頭を下げなくてもいいから嬉しい」と言われたことが忘れられません。病院やクリニックでの集まりでは，どうしても職員に頭を下げてしまうでしょう。集まる場の工夫は大事だと思いました。

　さて，いまは集会をオンラインで出来る時代になりました。2021 年の 3 月には，北海道浦河町のべてるが主催で，子どもたちや子育てをしている人たちの「苦労の自己研究」を全国規模のオンラインで行い，医師の川村敏明先生，ソーシャルワーカーの向谷地生良さんと伊藤恵里子さんが助言者で出演していました。とても良い催しもので各地の参加者の率直な話に私は感動しました。全国各地の人びとが参加できたということは，将来，外国の人たちもメンバーになってオンラインで交流できることを予感させるものです。グループ・ミーティングもいろいろ変わっていくのが楽しみです。グループワークも進歩していきますね。

## Ⅲ　グループに関する諸概念

　始めから，なんらかの規則を作って，メンバーを募集することはもちろんありますが，一つのグループが発達してくると，だんだん，そのグループのきまりを守る行動をするよう，メンバー同士が互いに行動のきまりについて

働きかける現象が生まれます。「人が話している時には途中で話をさえぎらずに最後までその人の話を聞く」などは規則の例で、このようなグループのきまりを集団規範といいます。支援者はグループのなかの発言が強制とならないように、あるいはメンバーがグループのきまりに過剰適応しないように、グループのなかで起きる相互作用のすべて、つまりグループ過程を注意深く見守ります。

メンバーの間に役割が配分され、運営が円滑になり、次第にグループとしての一体感が強まってくる過程をグループ発達といいます。この発達の過程は早い場合も遅い場合もあります。もちろん、発達する前にトラブルが起きて消滅するグループ、外部からの圧力で急速に自発性を失い、名目だけになるグループもあります。

## Ⅳ　グループの持つマイナスの力

人間は人とのきずなを必要とする社会的な存在であると同時に、個人として自分の自由を強く望むものでもあります。どんなグループでも所属欲求を満足させるプラスの面と個人としての自由を制限するマイナスの面を持っています。安心できる生活とは、きずなを求める気持ちと自由を望む気持ちとの現実的なバランスの上に成りたっているのでしょう。

一方、人が集まれば「誰が上か」という競争心や支配欲ややっかみなどが生まれる危険性はいつもあり、潜在的または顕在的な争いが生まれます。私はかつて大学でグループワークを教えていた時、毎年講義の初日に、学生たちに「グループと聞いたらすぐ浮かんでくること」を書いてもらいました。楽しかった思い出を書いてくれる学生もたくさんいましたが、何年も続けているうちに、グループでのマイナス体験を書く学生の数が次第に増えていることに気がつきました。とても気になる現象でした。

いじめや仲間外れが原因で、不登校になり、痛ましい自死にまで追い込まれる報道は残念ながら珍しくありません。次の文章は学生の一人が、自分のグループ体験について書いたものですが、プライバシーに配慮して少し内容

を変えてあります。

　「私の入学した中学は学力のレベルが高かった。それまで 6 年間，比較的のんびりした小学校に通っていた私にとって，先生も生徒も成績をあげることが一番の目標というのは，まさに異質の世界だった。はじめから自分の学力が追い付かず，私はひどい劣等感のとりこになった。クラスの友人たちは学力の低い者を口にだして軽蔑していたので，だんだん疎外感を強めた。クラブ活動でも心をひらく友達は見つからず，仲間はずれになっていった。弱者を侮蔑する考えを持っていた人たちに，心の中で強い反発を覚えながら，その自分の思いを伝えることもできず，共感してくれる友達も見つけられず，学校に行くことは苦痛以外の何ものでもなくなった。まさに地獄のような 3 年間だった」

　現在，教育現場では，上記のような思いをする生徒を出さぬよう，スクールカウンセラーやスクールソーシャルワーカーを配置するように変わりつつあります。生徒たちのいじめが原因と思われる不登校や自殺を予防するために，文部科学省が生徒の道徳教育に力を入れるようになったことはよく知られています。

　社会福祉の入所施設で働く職員の多くは，生々しい集団生活の嫌な面をたくさん見ていることでしょう。養護施設の寮舎で「先輩」の年長児が日頃，年下の子らに睨みをきかしているので，いつもは静かな小さな子らが，その年長児がいない日には見違えるように伸びのびしている様子をみることがあります。大勢の子どものケアに当たっている職員は皆，献身的に働き，子どもの幸せのみを願って働いていますが，親の虐待などで心理的に大きな傷を抱いたまま入所してくる子どもの数を考えると職員の人数が圧倒的に足りないのは，実に大きな問題です。あまり公にしたくないこととして，話題になる機会が少ないのですが，入所している子どものなかには，入所児童間の性的な暴力によって，さらに深い傷を負う問題が起きることもあります。男子の場合は，自分に行われた同性の性的暴力の体験がのちに本人の性的犯罪の

原因を作ることになったかもしれない事例もあります。支援者は集団生活の
マイナス面に，決してナイーブではいられません。情報を関係者間で開示
し，問題の解決や予防のために，職員の増員を始めとするいろいろな児童福
祉の課題に関係者の一致した取り組みが早急に必要です。

## V　グループの持つ治療・教育的な力

　グループがうまくいけば，いろいろプラスの力が働きます。次にあげるグ
ループの力はいずれも，潜在的な可能性に過ぎませんが，プラスの力が引き
出された具体例をあげながら説明します。
　「グループ・サイコセラピー」で最も有名なのはアービン・D・ヤーロム
（Irvin David Yalom）だと思います。ヤーロムは 2012 年に翻訳された著書
のなかで，11 の「療法的因子」をあげていますので，翻訳書の字句の通り
に紹介します。
　①希望をもたらすこと，②普遍性，③情報の伝達，④愛他主義，⑤初期家
族関係の修正的な繰り返し，⑥社会適応技術（ソーシャルスキル）の発達，
⑦模倣行動，⑧対人学習，⑨グループの凝集性，⑩カタルシス，⑪実存的因
子（アービン・D・ヤーロム／中久喜雅文，川室優監訳『ヤーロム　グルー
プサイコセラピー：理論と実践』西村書店，2012）
　詳しくは直接，ヤーロムの本をお読み下さい（といっても 857 頁の厚い本
ですが）。私はヤーロムを参考にしながらも，自分の経験から特に重要だと
思う「グループの治療・教育的力」について八つを考え，名前をつけまし
た。その八つは以下の通りです。
　①孤独感を減らす力
　②希望を持たせる力
　③ものの考え方を変える力
　④対人行動を向上させる力
　⑤安心して話せる場をつくる力
　⑥自信をつけさせる力

⑦情報を活用させる力
⑧社会を変えようと行動させる力

　これらは互いに関連し，重複しているので，一つの現象に影響する要因を一つだけに絞るのは現実的ではありませんが，一応考え方を整理するために分類してみました。どれもメンバーがグループに入っていてよかったなあ，と思うときに働いている力です。

## 1. 孤独感を減らす力

### 1）手をつなぐ育成会

　知的障害を持つ子どもさんとそのご家族を支援する「手をつなぐ育成会」と呼ばれる組織が日本各地にあります。その連合体として，『全日本手をつなぐ育成会連合会』があります。大きな組織ですが，この育成会の歴史を調べて見ると，知的障害の子どもさんを持つ 3 人のお母さんの呼びかけで，会が始まったことがわかります。下記の文章は，そのうちの一人のお母さんが戦後まもなく，現在の特別支援学校のような，特別な中学校を受験するために，ご自分のお子さんに付き添って会場に行かれたときの様子です。

　　「テストの間，付き添いの親たちはストーブを囲んでお互いに話し合いました。今まで障害児を持つ方に出会ったことがない私は，自分ばかりこんな辛い目になぜ会わなくてはならないのかと，いつも悩んでいたのに，こんなに大勢の同憂の人があったのかとなんとなく救われる思いで，肩が軽くなったようでした。集まった人たちの中には，私の子よりもずっと重い障害の方もあり，たった一人の子が，という人もあり，二重三重の重複障害の人もあり，子どもが中学に入る年になっているのに，いまだに姑から「家の系統にこんなのはいない，出て行け」といわれている方など，一人ひとりそれぞれに苦痛を持ち，耐え抜いてきていました。私は我が子のために最大限つくしてきたと信じていましたけれど，この父兄のなかには，もっとずっと子どものためにしておられる方があることもお話の中か

ら知り，大きく反省させられました。そして，自分は一番の不幸せと考えていたことが，そうでない，もっと辛い目をしてこられた方を思い，まだよい方だと知らされたのでした。日頃は自分一人の胸の中に納めて，思いあぐねても誰にも話すことができないことを，ここでは，何の恥じらいもなく，遠慮なく話し，聞くことができて，初めて会ったと思えない親しさをおぼえた」（原文のまま）[注2]。

このような新しい気づきによって，親たちはやがて全国の，さらには世界の親達と手をつなぐようになっていきました。すばらしいですね！

## 2）セカンドチャンス！

　2009年の1月に設立された「セカンドチャンス！」という自助グループがあります。ホームページには「少年院出身者が経験と希望を分かちあい，仲間と共に成長することを目的とする団体です」と書いてあります。全国団体で，各地に支部を持っています。主な活動は地域での定期的な交流会や全国合同合宿（仲間のみんなと集まってワイワイ過ごす時間は，「自分たちが生徒の頃，行けなかった修学旅行をやっているようで楽しいです」とのこと），と，少年院を訪問して在院生に自分たちの経験を話す活動があります。どれも，とても有意義ですね。活動中のメンバーの生き生きした写真がいくつか，「セカンドチャンス！」のホームページに紹介されていますのでご覧下さい。

　セカンドチャンス！では『セカンドチャンス！　人生が変わった少年院出院者』という本と『あの頃，ボクらは少年院にいた』という本を出しています。団体の理事長をしている才門辰史さんは『あの頃，ボクらは少年院にいた』のなかで「この活動における私の原点には出院後の孤独があります」と述べています。出院直後の思いのなかの一つは〈おまえが出てきたことを，友達，誰も知らないなんて寂しくないんか？　おまえの存在なくなってるかもよ？〉」そして，「何をどうしていいか，わからなくなって，とにかく自分が少年院から出てきたということを伝えたくて，真っ先に仲間のもとに向か

いました」と記しています。そして「また，家族を裏切ってしまった。なんだったんや，この 1 年間」と思いながらも，一方，仲間が出院を喜んでくれたことがすごく嬉しかったのです。その後，地元を離れましたが，「先の見えない不安と孤独とこの状況に対する怒りを持ちながら」不安定な時期を過ごしていたとのことです。出院者の誰もが多かれ少なかれ経験するこのような時期に，同じ思いを経験した少年院出身の仲間がいれば，と，やがて，もと法務教官の津富宏先生らに助けられて，この会を立ち上げたとのことです。私は二度，才門さんにお会いしたことがありますが，非常にさわやかな青年でした<sup>(注3)</sup>。

## 2. 希望を持たせる力

### 1）AA や断酒会の例会

　お酒を止めたいのに止められない人がいます。その人が自分の目の前でお酒を止めた人の話を聞きます。話し手は連続飲酒でみんなに迷惑をかけていた人なのに，いまはもう 1 年以上も断酒を続けていると話しているのです。そんな人がいるのなら，オレも止められるかも，と思う可能性はあります。断酒会や AA（アルコール依存者の匿名の会）の例会での普通の光景です。断酒を連続している個人やご夫婦が表彰される会もあります。私は勉強のためにそのような会に参加したことがありますが，感激する場面です。それを見て，自分も酒をやめることが可能かもしれないと希望を抱くのはわかりやすい話ですね。AA や断酒会については第 3 章でも述べています。目の前で成功しているお手本は，「回復者モデル」と言われ，その人の様子をみるのは，自分の行動を変えようと思う人にとって大きな力になります。

### 2）統合失調症の当事者グループ

　T さんは所属している NPO が作ったグループでその地域にある障害者職業センターを見学に行きました。いろいろな仕事の可能性について，話を聞き，センターを利用するには，障害者手帳を申請して取得していなければならないことを知りました。障害者手帳とは，当事者が障害を持っていること

を証明する手帳のことで，一定の手続きをとった結果，地方公共団体から交付されるものです。仲間と一緒に障害者職業センターに行ったTさんは始めて，自分の障害と仕事について真剣に考えてみようと思ったのです。

　障害を受容することは決して簡単ではなく，時間をかけて，じっくり取り組む必要がある課題です。手帳をとることのメリットとデメリット，とらないことのメリットとデメリットを同じ仲間のグループで検討すると助けになります。新しく当事者グループに参加してきたメンバーが，障害者手帳をすでに取得して就労を目指しているほかのメンバーから実際にメリットがあった話を聞くと，これまで手帳を申請することに躊躇してきた自分の背中を押された感じになっても不思議ではありません。新しい生き方が見えてきて，希望が湧くかもしれません。支援者の説明よりも同じ状況にある当事者同士の話のほうがずっと大きな力をもつ場合が多いです。

## 3）少年院での SST

　少年院での話です。少年たちが対人コミュニケーションの取り方をSSTの方法で練習する支援にあたっていた熱心な教官がいました（SSTの詳細については第5章をお読みください）。この教官は少年院を卒業して，社会に戻っていくN君に「宿題」を出しました。実際に社会に戻って，SSTがどう役にたったのかを院長あてに手紙か，葉書で知らせる，というのが宿題でした。やがて，N君は葉書を投函して宿題を完成させました。

　葉書には，親に注意されて，前なら，すぐ親とけんかになるところだったが，SSTで習ったように，「ストップ，深呼吸！」と心の中で唱えて，怒りの気持ちをやり過ごしました。それから，N君は素直に「わかったよ」と親に言えたという報告でした。教官はその葉書を少年院の生徒たちに読んで聞かせました。先輩の言葉は，これからの学習を動機づける力になったことでしょう。

　私が自分の仕事で，この少年院を訪れたとき，実際にこの教官の手元にある沢山の「宿題報告」の束を見せて頂きました。とても感銘を受けました。この熱心な教官は品田秀樹氏で，SST普及協会の定める「SST認定講師」

の資格もとられ，少年院教官の仕事を定年退職してからは，保護司になられました。いま，ご自分の住んでいる長岡市で「誰でも参加できる SST」を月一回，主宰されています（誰で参加できる SST については第8章をごらんください）。品田さんのグループには，時には小学生も参加したり，参加者がほかの参加者をつれてくるという嬉しい様子が見られるそうです。

## 4）さざなみ：引きこもっている人の親の会

　東京都下のある保健所で「引きこもりの親の会」が開かれました。私は，第1回目の会合から支援者として，参加させてもらいました。会場には「引きこもりの親の会」という案内板がでていました。母親，父親，なかには，ご夫婦で参加する方もおられました。それぞれ，自己紹介し，ご自分の状況と悩みを率直に語られました。会合の終わりに，このグループに名前をつけることになり，会員の一人の提案に全員が賛成して，この会は「さざなみ」になりました。池に小石を投げ入れると，さざ波が立って，いつか，池の水全体にさざなみが届くという趣旨にみなさんが賛同なさったのです。その前向きな姿勢に励まされました。2回目からは保健所の案内板も「さざなみ」になりました。

　何回目かの集まりに，数年前まで，引きこもっていた二人の若者を招き，引きこもっていた時の，自分の気持ちを話してもらいました。親たちはみな熱心に聞いておられ，質問も活発でした。二人の当事者はそれぞれに「苦しいあまり，つい，親に手を上げたこともあったが，いつも心のなかで，ごめんなさい，とあやまっていました」と話しました。この若者たちはそれぞれ，現在は就労移行支援事業所に通っており，洗濯屋さんや印刷専門の事業所に実習に行き，将来の仕事に備えています。「さざなみ」の男性メンバーの一人は，支援者に「今日の話を聞いて，希望を持ちました」と笑顔で帰られました。

　「さざなみ」は保健所が支援を終了した後も自主グループとして，その後，何年も続きました。次第に全員が高齢になられたので，会は話しあいで解散することになり，最後に記念の文集を作られたほどです。みなさんにとっ

て，さざなみは，いつも希望の源になっていたことが，文集からよく伝わっ
てきました。長年，リーダー役を果たしてこられたTさん，本当にお疲れ
様でした。

## 3. 考え方（認知）を変える力

　物事の見方，でき事の解釈の仕方を専門用語では，認知といいます。グ
ループのなかで，同じ状況に関して，自分とはまったく違う考え方をしてい
る人がいることを知って，自分の考えを変え，それによって，気持ちも変
わってくることはよくあります。認知が変わると感じ方も違ってくる，とい
うのは，認知療法の基本的な理論の一つです。

　個人面接でカウンセラーが自分の気持ちを批判せずに受け入れてくれ（受
容），気持ちをわかってくれ（共感）ると自分の課題に気付き，話の焦点が
自分に必要な変化に移っていきます。この変化は個人面接よりもグループの
場合のほうが，もっと早く起きることが多いと言われています。それは他の
メンバーが自分よりも自由に同じ課題について話しているのを聞き，自分自
身へのタブーがゆるむからです。それに伴って物事への新しい見方が生まれ
てきます。

### 1）精神科の疾患を持つ人の家族の集い

　精神科の疾患を持つ人が家族にいると，ほかの家族員も，いろいろな支援
が必要になります。私は，東京の調布市でクッキングハウスというレストラ
ンをやっている，事業所の責任者，松浦幸子さんと相談して，精神科の患者
さんを持つご家族を支援する会をかなり早い時期から開いていました。メン
バーは不特定で毎月1回，家族なら誰でも自由に参加できるオープングルー
プでした。

　あるとき，一人の女性が初めて会に参加されました。仮にNさんと呼ぶ
ことにします。受付の人の「よかったら，お名前をお願いします」という言
葉をやんわりと断り，Nさんはハンカチを手に，そっと参加者の輪の中に入
られました。メンバーのみなさんが，それぞれ，近況報告や今日，一緒に考

えてほしい課題を話すところから，グループが始まりました。その日の参加者は 15 人くらいでした。

3 番目に発言の機会がまわってきた N さんは「私は……」と言うなり，絶句してハンカチで涙をぬぐわれました。私は「話したいことだけ，話して頂けばいいんですよ。パスルールありますから」ともう一度，グループのきまりを伝えました。N さんはそのままで発言をパスし，次の人が話し，どんどん，みなさんが近況を報告されました。

娘のことばかり心配している状態から抜け出す決心をして，この間から，パートで働き始めたという一人のお母さんの報告には，全員が思わず拍手。クリニックと区役所の助けで，息子がグループホームに入ることができたという報告には，みんなが，「よかったね」と笑顔。お姑さんにもっと，息子の病気をわかってもらいたいので，どう言ったらいいのか，みなさんの知恵がほしいという要望には，うなずく人がたくさんおられました。ある女性は夫に「あなたも今度，家族会にでてくれたら嬉しいわ」と言ったら，「オレも，いつか，行くよ」という返事が返ってきて喜んだという報告。N さんは途中からだんだん話に引き込まれ，目を見張り，身を乗り出したばかりか，最後の話には「いい話ですね」と声をあげて発言しました。

（この後はみんなで小さなグループに分かれて「お姑さんに子どもの病気の説明をする練習」をしましたが，省略します）。

会を終える前に，全員で順番に感想を言いました。N さんは「私はいままで，子どもの病気を隠すことにせいいっぱいで，いつも何も言えなくなっていました。でも，今日のみなさんのお話を聞いて，子どもが病気でも，いろいろ前向きに考えていらっしゃることがわかり，感激しました。また，ぜひ来たいと思います」と元気に発言されていました。

## 4. 対人行動を向上させる力

どんなグループも小さな社会です。そこで行われる相互作用を通して，メンバーがだんだん，望ましい社会的行動を習得していくのも，グループのもつ可能性の一つです。しかも，グループには，学んだことをすぐに実行する

機会がたくさんあります。

　顔を見たら，微笑んで挨拶をするという一見，当たり前のように見えることも意識して努力しなければ，できない人がたくさんいます。対人行動の取り方を体系的に学習して，効果をあげていくSSTは1980年代の後半に日本に紹介されました。しかし，SST以外の目的を持つグループでも対人行動に関わるスキルをグループのなかで，自然に学習していく可能性が大きいのです。

　バンデューラ（Albert Bandura）はいろいろな実験を行って，人は直接体験しなくとも観察によっても行動の取り方を学習することを証明し，社会学習理論を打ち立てました。これは私の体験とも一致するので，私は，この説に従って，「支援者は，いつもメンバーのモデル（行動のお手本を見せる役）としての役割を忘れてはいけない」と強調したいです。

　支援者は，いつも明るくソフトにあいさつする，という行動をグループのなかで意識的に続けましょう。相手が，それに対して，挨拶を返してくれたら，すぐ，「挨拶を返してもらって，嬉しい」（具体的な言い方は相手によって違いますが）と正のフィードバックを伝えましょう。そのやりとりを通して，メンバーは相手に喜んでもらえる行動を学習し，強化されていきます。これは特に，子ども相手のときに非常に大事なことです。

　グループの持つ対人行動学習の効果については，各章で具体的にとり上げていますので，次に進みます。

## 5．安心して自己表現できる場をつくる力

　メンバーが自分の本当の気持ちを話し，仲間からわかってもらった経験を重ねていくとき，このグループは自分にとって，居心地のよい，安心して本音を話せる場所だと感じ，仲間意識や所属意識が強まってきます。

　誰も予想もしなかったコロナ禍の日々を過ごすなか，断酒会の例会もなくなり自宅でまた飲むようになってしまった話をたくさん聞きました。仲間から支えられるグループの大きな力を改めて感じます。

## 1）DV 加害者の会

　当事者のグループは，一般的にはタブーとなっているテーマについて本音
で話し，その話を真剣に聞いてくれる仲間のなかで，自分を変えていくこと
ができます。私は 1995 年にニュージーランドにメンタルヘルス・サービス
の調査に行きました。ニュージーランドは英語圏なので，米英などの情報を
いち早く取り入れ，優れたサービスを行っていたので，訪問は参考になりま
した。そのうちの一つに，当時まだ日本にはなかった「子どもを虐待しそう
になる行動を変えたい男親のグループ」がありました。毎週一回，夜に集
まっているとのこと。会場は仕事帰りのアクセスのよい街の中心部にありま
した。

　プログラム活動はサイコドラマ（心理劇）でした。男性の深刻な問題にサ
イコドラマが効果をあげている事実を非常に羨ましく思いました。自分の葛
藤を話すだけでなく，それをドラマの方法を使って演じ，自分の虐待行動に
関して洞察を深め，その行動を減らすことがねらいのグループでした。私自
身が当時，東京サイコドラマ研究会の一員だったので，そのような実力のあ
るサイコドラマティストがニュージーランドにいるのはすごいと思いまし
た。当時，すでにニュージーランドでは，サイコドラマティストになるため
のきびしい資格・試験制度が整備されていました。

　しかし，日本でも 2007 年に東京で信田さよ子さんが代表をつとめる NPO
法人 RRP 研究会が DV 加害者プログラムを始めました[注4]。

　信田さんは原宿カウンセリングセンター所長として著名な方ですが，そ
の信田さんが関わっている RRP 研究会のことをホームページで調べまし
た。RRP とはカナダのブリティッシュ・コロンビア州で実践されている
Respectful Relationship Program の頭文字をとったとのことです。信田さん
は 2020 年 2 月には，『DV 加害者プログラム・マニュアル』の本を出版され
ました。その本の紹介によると，プログラムは全部で 18 回のセッションで
構成されており，対話とコミュニケーションのトレーニングを重視されてい
るようです。

　2007 年に，立命館大学教授中村正氏も大阪で，子どもを虐待する父親の

グループワークを始められ、「大阪各地の児童相談所と連携し、やり直しの可能性のある家族の父親を対象にして自主的な参加を促し、実施」してこられ、このグループを「男親塾」と名付けていらっしゃるそうです。必要なメンタルヘルス・サービスが今や、日本でも行われていることを嬉しく思っています[注5]。

　私が関わってきたグループのなかで、親に暴力を受けた辛い体験を持つ当事者の話、自分の統合失調症の症状が悪くなってから、父親とはまったく口をきかなくなった当事者の切ない思いなどを話してくれたメンバーがいますが、わかり合える仲間と一緒にいる所属感情があればこそ、本心からでてくる話です。このような当事者の一人が父親の誕生日をきっかけに一言、父親に感謝の言葉を伝えることができ、だんだん父親との関係を変えていくことができた本当の話にはグループの力が働いていることを感じました。

## 6. 自信をつけさせる力

　いろいろな事情から自信が無い人や自分を生きている価値が無い人間だと思っている人はたくさんいます。グループのなかで、自分の経験を話しただけと思っていたのに、多くの人から感謝されて、自信を取り戻した人の話を次にします。

### 1）「誰でも参加できるSST」での経験

　私は仙台で「誰でも参加できるSST」を10年近く開いてきました。文字通り、地域に住む誰でもが自由に参加できるグループです。第8章に最近の「誰でも参加できるSSTの話」を紹介していますが、以下の話はあるクリニックを会場にしていた初期の頃のことです。ある日、一人の若い女性、Hさんが自分が通っている精神科クリニックの先生の紹介で参加しました。1回目、2回目はみんなのなかに黙って座っているだけでした。

　Hさんが参加して3回目に、引きこもっている子どもを持つ一人のお母さんがグループのなかで発言しました。「私は部屋に引きこもっている子どもとどう話をしたらいいか、わからない。ご飯は私が部屋の前まで運んで行っ

て，『ご飯だよ。温いうちに食べなさいね』と言って置いてくるのですが，まったく返事がなくて……」と言われました。そのとき，これまで黙っていたHさんが手を挙げ，次のように発言しました。「私もずっと，家に引きこもってきましたが，心の中ではお母さんだけに食事の支度をさせて本当に申し訳ないと思っています。それに，一日中，部屋にいるからお腹がすかないので，暖かいうちに食べて，と言われても，温かいうちに食べられないから，もっとすまない気持ちになります。」

それを聞いた先の発言者は「まあ，私，何も考えないで話してました！」と言ったのです。ほかに何人もの当事者の家族が口々にHさんに向かって「すごく参考になった」とか，「もっと本人の気持ちを考えてみます」などと言いました。そればかりでなく，会が終わって帰るとき，いろいろな人がHさんに礼を言って帰りました。

次の月に参加したHさんは，グループの中で，積極的に，自分自身の練習課題を出し，「大きな音で音楽を聴いている弟にもう少し音量を下げてくれるように頼む」という行動練習をしました。Hさんは，その後も参加を続け，仲間に溶け込んでいったのです。私にとって忘れられない嬉しい出来事でした。

## 2）リワーク・プログラムでのSST

　リワーク，つまり，職場復帰を目指す人たちのクリニックでのSSTグループのメンバーについて話します。うつ病の患者さんが多いリワーク・プログラムでは利用者の自己評価が低いので，グループの力が役に立ちます。Aさんは同じリワークの利用者に「朝来たとき，お早う，の次にもうひとこと話す」練習をしました。とてもスムーズに言えて，メンバーからたくさん褒めてもらいました。支援者もすばらしいと思い，改めてAさんに「いまの練習を，ご自分で点数をつけると何点でしょうか」と聞くと「45点です」と低い自己評価です。

　そこで支援者は点数化の技法を続けて使って，Aさんの認知を変える働きかけをします。「それでは，メンバーのみなさんに聞いてみますね。70点以上だと思う人は？」全員が手を上げます。「まあ，全員が70点以上ですか。Dさん，Aさんは何点のできだと思うのか，それはなぜかをAさんに伝えて下さい」と支援者はメンバーに頼みます。「Aさんは，相手の名前を言った後，お早うと言って，ちゃんと相手の返事を待ってから，その次に『サッカー見た？』と聞いたので，80点です」とDさん。支援者は次にEさんの意見を聞きます。Eさんは，「相手にいい笑顔でサッカーのことを聞き，それだけでなく，自分の意見もちゃんと相手に伝えたので，90点だと思います。」このようにメンバーがAさんの行動に点数をつけて，その理由を伝えるようにします。そして最後に支援者はAさんに「みなさん，とても高い点数をつけられましたが，Aさん，ご自分の45点を変えますか？」と聞きます。そうすると，本人が，これまでの45点を70点，80点に変えることがよくあります。この点数化の技法によって，Aさんの認知が変わって，自信

がつくだけでなく，そのような変化を目の前で見るメンバーもＡさんの役に立てたことで自信をつけていくでしょう。

## 7. 情報を活用させる力

グループに参加していると，会合が始まる前のおしゃべり，グループ最中の意見交換，終わった後のお茶の時間などでのメンバー同士が交流を通して，役に立つさまざまな社会資源に関する情報を得ることができます。

発達障害を持つ人のデイケアに通所していた人が同じ市内に発達障害を持つ人のための自助グループがあることを他の人から聞き，そのグループに自分も行くようになった話，家族会に出ていた当事者の親が，同じ会の人から，地域にある「障害を持つ人の兄弟姉妹の会」のことを知り，障害を持たないほかの子どもに兄弟姉妹の立場から参加をすすめてみようと喜んだ話など，役に立つ社会資源に関する情報をグループのなかで入手し，それを実際に使った例はいくらでもあります。ちなみに精神疾患を持つ人の兄弟姉妹のための会が各地にできてきました。なかでも，「東京兄弟姉妹の会」には長い歴史があり，定期的に毎月集まりを持っていますので，東京兄弟姉妹の会のホームページをご覧下さい。その会報には，関東地域でのほかの兄弟姉妹の会の案内も載っています。

### 1) 当事者に生活情報と生活体験を提供しよう

社会が急激に変わっていくなかで，病気を持つ当事者の多くがその変化に追いついていけず，生活に必要な情報を十分に持っていないことはよくあります。自分の健康を守るための基本的な保健衛生の知識，交通機関の使い方，金銭管理，災害予防などに必要な基本的な知識を持ち，それらを実行できる能力を，生活スキル（リビング・スキルズ）といいますが，私はSSTのグループのなかでも，意識してそれらの重要性を学び，使える力をつけるように気を配っています。

たとえば，メンバーがどのくらいの情報を持っているかを知るために，グループのウォーミングアップ活動などで，楽しめる生活情報に関するクイズ

を出したりします。また，防災の日に，防災に関するクイズを出したり，自分の家に用意してある非常用の食料などについて発表してもらったりしています。また，私は銀行や郵便局などの振り込み用紙をグループに持っていき，その使い方をみんなで話し合い，どのくらい円滑に振り込みができると思うかを話し合ったりします。振り込みを銀行の窓口でするよりも機械でやるともっと安く振り込めますし，銀行員や郵便局の職員がとても丁寧にやり方を教えてくれることをみんなに伝えます。一日の食費，一週間の食費，毎月の食費をみんながどのくらいかけていて，どんな節約の工夫があるのか，などの生活課題は同じ悩みを抱えている人たちのグループだからこそ，いっそう，実際的な情報交換ができて，参考になるでしょう。

　これから仕事につきたいと就職面接の練習を希望する当事者が郵便局に全然行ったことがなく，普通郵便の切手料金も葉書料金も知らないことがあります。年賀状など，1枚も出したことのない生活をこれまでしてきたので郵便局は知らない世界。でも仕事につく準備としては使えるようになりたい社会資源です。SSTで年賀状を郵便局に買いに行く練習をし，私に年賀状をくれるようにと宿題にし，私は頂いた年賀状には必ず返事を出すので，宿題達成の喜びとともに，年賀状のお年玉番号の発表日を始めて楽しみにできた当事者もいました。

　就労支援事業所などではクリスマスの集まりに必要な買い物をメンバーにしてもらい，練習のつもりで領収書をもらってくる工夫をして，メンバーの生活体験を増やす手伝いをしましょう。

## 2) 親は成人の当事者に生活情報を開示しよう

　私が最近，気になっていることがあります。親と同居して生活している精神科の疾患を持つ当事者は，長年親に保護されてきて，そのような保護が必要だった時をすぎても，まだ保護され続けている方が少なくないことです。子どもがもう50歳近くになっているのに，親が家計のすべてを取り仕切っているので，一体毎月，自分の家の電気代や水道代がいくらなのか，親はどんな保険に加入しているのかを一切知らない当事者もいます。親がいつまで

も元気でいる保障はありません。もし，親が病気になって入院などすると，大人になっている息子や娘が何も知らないままではすまなくなります。親がまだ元気なうちに，子どもにいろいろな生活情報を与えて一緒に，いまの生活のあり方を考えるとか，自立生活に向かう過程で生活スキルを習得してもらいましょう。金銭管理を教えるとき，安易に「家計簿をつける」と言いがちですが，実際に家計簿をつけ，それを活かす生活をするのは容易ではありません。もっと簡単にできる金銭管理のノウハウをグループで情報交換して学んでいるので，ぜひ，工夫してみてください。

## 8. 社会を変えようと行動させる力

　知的障害があるお子さんを持つ3名の親の集まりから，大きな全国団体にまで発展していった「手をつなぐ親の会」の話はすでにしましたが，グループで集まっているうちに自分たちのやっていることが有益なので，もっと多くの人に伝えたい気持ちや，もっと社会に理解を持ってもらいたい思いが強まります。その結果さらに，もっと住みよい社会に変えていこうと行動する力をつけてくれます。

### 1）東京 YWCA でのボランティア活動
　私は，1970年代の始め頃には東京 YWCA の職員で，YWCA 学院社会福祉科の主任教員であると同時に東京 YWCA ボランティア・ビューローの担当者でした。YWCA には，社会をもっとよくしたいと思う熱心な人がたくさんおられましたが，その会員のなかには，最初は，YWCA の料理講習会で中華まんじゅうの作り方を習いにきて仲間と交流しているうちに，聖路加国際病院の病院ボランティアとして活躍するようになった人もいました。その方は，さらに，私がメンタルヘルス・ボランティア講座を東京 YWCA で企画・運営したとき，中心メンバーの一人として活躍してくれました。感謝する私に「すべては中華まんじゅうから始まったのよ」と笑っておられたことは忘れられません。
　多くの人がこのメンタルヘルス・ボランティア講座に参加しましたが，

もっとも参加者の心を動かしたのは一人の精神科疾患を持つ当事者のご家族の話でした。精神病になった人がいることを親戚中から非難され、疎外され、家族がばらばらになったという実際の話は涙無しでは聞くことができませんでした。「親戚の人たちは何を怖れていたのでしょうか。それは、あなたたち、世間の目です」と私たちのほうに手を伸ばしておっしゃった時には、どきっとしました。非常に雄弁で、説得力のあるお話をされるので、いろいろなところに招かれて講演をなさり、大きな貢献をされた方でした。残念なことに、数年のちに、自分たちのことを世間に広めていると強く非難され、自死されたことを知りました。非常に驚き、ただただ、残念でした。東京YWCAの関係者は私を含め、みんな、「もっともっと、社会を変えなくては！」と胸を熱くしました。

## 2）ノーチラス会の発展

　NPO法人ノーチラス会は双極性障がい（躁うつ病）の患者さんのための会で、2010年に鈴木映二先生（現在は東北医科薬科大学医学部教授）によって作られました。双極性障がいの症状や治療法がほかの精神科の病気とは違うので、双極性障がいに特化した当事者の会を作ろうと思われたそうです。最初は東京の品川区で当事者の会を始めましたが、同じような会がほかになかったので、全国組織にしたそうです。その後、次第にいろいろな地方に「支部」が発足して、発展を遂げています。今では、会の活動が広がってきて、当事者の集い以外にも、家族会、無料電話相談、雑誌の発行、講演会、ピアカウンセリング養成のための研修会、学術的調査活動、地域連携活動、広報活動（ホームページ，Facebook，Twitter）など、多岐にわたっています。

　10年の間に、当事者同士の支えあいから、この疾病の理解を深めようと広く社会に働きかける活動へと広がっていった様子がうかがえます。日本うつ病学会などの折、対面の相談会を開催することも試みられ、盛況であったとのことです。このような活動は数多くの熱心なボランティアのみなさんに支えられています。

　このNPO法人の理事長である鈴木先生は多くの協力者を得て、この活動

を精力的に推進してこられ，2015 年には『ノーチラスな人びと』という，わかりやすい本を出されております<sup>(注6)</sup>。

（注1）ジゼラ・コノプカ（前田ケイ訳『ソーシャル・グループ・ワーク―援助の過程』p.69，全国社会福祉協議会，1967）

（注2）「わが子の成長をみつめて―母親としての回想」精神薄弱児研究，p.11，1971 年7月号．

（注3）セカンドチャンス！編『あの頃，ボクらは少年院にいた』新科学出版社，pp.6-9，2019 参照のこと。

（注4）信田さよ子「DV 被害者のグループカウンセリング」精神療法，Vol 43, No. 5, 2017.

（注5）中村正「こどもを虐待する父親のグループワーク」精神療法，Vol 43, No. 5, 2017.

（注6）鈴木映二編著『ノーチラスな人びと―双極性障がいの正しい理解を求めて』日本評論社，2015.

# 第3章

# グループの種類と支援のポイント

> 支援を必要とするグループを七つの目的別に分類し，その機能について，実例をあげて解説する。各種のグループを支援するポイントをまとめた。

　この章ではグループを目的別に分類しましたが，一つのグループが複数の目的を持つことやグループが発展していく途中で目的を変えることは珍しくありません。このため，グループを分類するのは難しく，研究者の間でも必ずしも意見が一致していません。この章での分類はあくまでも私の考えです。目的別に分類したグループは以下の七つです。

①知り合いになるためのグループ
②社会化のためのグループ
③学習のためのグループ
④サポートのためのグループ：自助グループと支援者が作ったグループ
⑤治療とリハビリテーションのためのグループ
⑥課題解決のためのグループ
⑦フォーカス・グループ

# I　知り合いになるためのグループ

　**目的**：このグループの目的は参加者がだんだん知り合いを増やし，所属意識を育て，お互いに力になっていける，ゆるやかな場作りです。

## 1．お茶っこ会

　このグループの代表的なものは東日本大震災のあとに東北各地に作られた「お茶っこ会」です。「サロン活動」という呼び名もありますが，私は地域の文化にそった「お茶っこ会」という名前が好きです。そこでの支援者はたとえば，社会福祉協議会の職員や全国から集まったボランティアでした。避難してきて，知らない人ばかりの仮説住宅などに住む人たちのために「お茶っこ会」が開かれました。一人ひとりが緊張と不安を抱えて集まってきます。参加者はお茶を飲みながら自分のペースで，いろいろな人たちと少しずつ交流を始め，だんだん親しくなれる人を見つけ，体験を語り合い，慰め合い，お互いの力になっていきました。グループ活動が発展していけば，特定の活動が中心になり，そこから別の新しいグループが育っていくこともありました。「お茶っこ会」は，生活の再建のために，みんなに力を与えてくれるグループの場でした。

　反対に，特定の活動を行ってきたグループが，そのグループ活動の一部に，この「知り合いになるグループ」の活動を取り入れる場合もあります。盛岡市には 2007 年に発足した，精神疾患をもつ当事者，その家族・その領域で働く関係者，市民などで作る「盛岡ハートネット」（事務局：黒田大介氏）という組織があります。東日本大震災後，この組織はお茶っこ会を月一回のペースで始めました。誰も「ひとりぼっち」でいないように，自由に参加できる会です。私も数回参加しましたが，とても暖かい雰囲気でした。初めて来た人が入りやすいように，長く参加している当事者や家族が笑顔で迎えてくださるのです。会の始めは大きなグループでその日のテーマにそった誰かの話を聞き，途中から，小さなグループを作り，お茶とお茶受けを楽し

み，自由なお喋りをしていました。奥さんが統合失調症でこの会を始めた事
務局の黒田さんが，ニコニコとリンゴの皮むきをしている様子はいまでも目
に浮かんできます。初めから，お終いまでグループの話し合いに参加しない
で，寝転んでいてもいいよ，というきまりもありました。

　この本を執筆している現在，コロナ禍の最中で，私もなかなか「お茶っこ
会」に自由に参加できませんが，「コロナが落ち着きましたら，また，りん
ごを食べに来て下さい」と黒田さんから嬉しいお誘いを頂いています。

## 2. ラウンジ・プログラム：アメリカの地域福祉センターで

　人と知り合いになり，友達を作るための集まりでは，お茶っこ会のように
一応全員で同じ話を聞くところから始まるのとは，違うやり方があります。
それは，グループの場に始めから，多様な活動を用意しておき，参加者が自
分のペースで，好きな活動に参加し，だんだん，ほかの活動に自由に移って
行きながら，全体の場に馴染んでいけるようにするやり方です。これは同じ
空間で，複数の活動が同時に展開されるプログラム活動のやり方で「ラウン
ジ・プログラム」と呼ばれています。

　私がソーシャルワーク大学院の 1 年生の時，入学してから 1 カ月後には，
もう現場実習が始まりました。週三日，一日 8 時間を半年間です。実習先は
ニューヨーク市の中心，マンハッタン島のウエストサイドにある民間の福祉
センターで，有名なミュージカル『ウエストサイド・ストーリー』にあるよ
うに，生活に困窮している家族が多く住んでいる地域でした。

　このセンターでは，毎週金曜日の夜，若いティーンエイジャーが自由に集
まるグループの場を開いており，私は実習生として，このグループも担当し
ました。このグループでの活動がラウンジ・プログラムでした。ラウンジと
呼ばれる広い部屋に複数の活動が用意され，メンバーは，自分の好みで，い
ろいろな活動に自由に参加し，自分のペースで，いろいろな人と交流するの
です。私はラウンジにさまざまなテーブル・ゲームを用意し，少人数で遊ぶ
ことができるよう配慮しました。別の場所にコカコーラなどの飲み物も置
き，飲みながら，さりげなく，ほかの人の様子を見ていることもできます。

中心の活動はソーシャルダンスでした。若い実習生の私は，よく中学生の男子から相手役として踊るように頼まれたものです。本命の女の子と踊る前のテスト役でした。踊りながら，将来，どんな夢を持っているかを質問した私に「軍隊に行けば，除隊してから，大学の奨学金がもらえるから，まずは兵隊になるんだ」と言っていた男の子もいました。その後，ベトナム戦争が盛んになったとき，あの子は戦争に行ったのか，生きて帰り，無事，大学に行ったのかなど，気がかりでした。

## 3. ラウンジ・プログラム：アメリカの精神科病棟で

　一つの空間で，複数の活動が同時に展開され，メンバーが自分のペースで参加できるラウンジ・プログラムは，参加者同士が知り合いになるためのゆるやかなグループの場です。わが国の精神科病院やホスピスなどのデイルーム，高齢者施設の広い部屋などの集まりに十分に活用できるプログラムだと思います。

　関連して，私の大学院2年の時の実習をご紹介します。いまの日本でも役に立つかもしれないと思うからです。私は，大学院の2年目，ニューヨーク市立病院の精神科病棟でグループワーカーとして，週に三日9時から5時まで，半年間の実習をしました。病棟の患者さんはみな高齢で精神科の疾患のほかに何らかの身体障害を持っていました。初めて病棟に行った日はよいお天気で病室から男女40人くらいの患者さんが明るいデイルームに集められていました。昼間に自分のベッドにいてはいけないというルールがあるとのことでしたが，それぞれ，椅子や車椅子に座ったまま，誰一人，ほかの人と話をせず，しぃ〜んと静まりかえっていました。

　私のソーシャルワーカーとしての仕事はこの患者さんたちが退院に備えて，少しでも社会性を取り戻すよう支援することでした。私は一人ひとりの患者さんのカルテを読み，ナースに話を聞き，それから，すべての患者さんに個別に話しかけました。これまでの生活を話してもらい，どんな活動ならば関心が持てるかを聞きました。個別的に話しかけるとたくさん返事をしてくれる患者さんが思いの外，多かったので，私は力をもらいました。みなさ

んの関心のある活動を行う小グループを作るほかに，ラウンジ・プログラム
と病棟行事も計画しました。すべて，計画段階から，スタッフ会議で医師と
看護師さんに目的を説明して協力を求めました。

　ラウンジ・プログラムの日には，病院のボランティア・グループに依頼し
て，おやつを用意してもらいました。トランプをする場所やビンゴができる
場所も作り，参加をすすめました。おそるおそる，ほかの人がやっている活
動をのぞきこむ患者さんを励まして，仲間に入るように勧めたりしました。
安心していられる場所を作り，自由に参加し，発言できる機会を作ること
が，この日の一番の仕事でした。初めてのことでしたが，患者さんは楽しん
で下さり，とても嬉しかったです。

　ラウンジ・プログラムのほか，病棟ではゲームグループ，音楽グループ，
散歩グループ，話しあいグループなどの小グループ活動を計画して，それら
も軌道に乗り始めました。文字がまったく読めないアフリカ系アメリカ人が
いましたが，いつもニコニコして人づきあいが上手でした。障害のために言
語的コミュニケーションが苦手なユダヤ人系の患者さんがタイプライターで
打ってくださった立派な文章のお手紙には感動しました。当たり前のことで
すが，第一印象で人を判断してはいけないという基本から学ぶ毎日でした。

　感謝祭やクリスマスなどの病棟行事も患者さんと一緒に楽しく計画，実行
できましたので，病棟の雰囲気は半年前と比べると，大変活発になり，実習
の終わりには，大勢の患者さんが私との別れを惜しんでくれました。

　ちなみに後半からの私の実習には退院した患者さんが地域で孤立しないよ
うに，家庭訪問をし，教会やコミュニティ・センターなどのグループと関係
が結ばれるように支援する，いまでいうケースマネジメントの仕事も含ま
れました。現在の日本でも役に立つような実習を65年以上も前からやって
いたアメリカの大学院の実習には改めて驚きます。卒業までに実習時間は
1,300時間以上になりました。

　病院に配属されたグループワーク専攻の院生は，私を入れて3名で，私た
ち学生の指導のために，コロンビア大学から専任の教員がスーパーバイザー
として，大学の予算で病院に在駐し，いろいろな助言や指導をして下さった

ので，いい結果で実習を終えることができました。私たち3名はこれまでケースワーカーしかいなかった精神科病院にグループワーカーとして配属された最初の実習生でしたので，コロンビア大学に治療的グループワークの歴史を作る実践ができて嬉しかったです。

　帰国した翌年の1959年に，いまの国立精神・神経医療研究センター病院のある敷地に，当時の国立武蔵野療養所という大きな精神科病院を訪問したことがあります。大勢の「もと軍人さん」が入院されていました。一つの病棟のデイルームを見学させてもらいましたが，何もない，まったく殺風景な薄暗い大きな部屋のなかを，何人もの患者さんが無言のまま，ただ，ぐるぐる，ぐるぐると列を作って，いつまでも部屋のなかを歩き続けていました。うなだれたまま，身動きしない人もたくさんおられました。その悲惨な光景はいまでも鮮明に覚えています。療養所には，ケースワーカーと呼ばれる人はいましたが，グループワークができるソーシャルワーカーを雇用するという発想はなく，私の仕事はありませんでした。

　それから何年もたって，私は大学でソーシャルワークを教えるようになり，社会福祉のいろいろな分野でのグループサービスに関心を持ちましたが，結局，1980年代以降の自分の研究と実践は，精神科患者さんの院内生活の改善，早期の退院促進のための準備教育，地域生活支援などが中心になりました。その理由は，世界の流れからひどく遅れている日本の精神科医療とメンタルヘルス・サービスの現状をなんとか変えたいという一心からでした。

▌支援のポイント

　①参加を呼びかける人たちに関する情報を可能な限り事前に入手しておき，参加者の間に，どのような共通点があるのかを知っておく。そのために住民や既存の組織の指導的立場にある人たちとよい関係づくりに努める。

　②参加者の緊張や不安を減らす，居心地のよい環境を用意する。

　③参加者の好みや関心に合わせた，土地に馴染んだ多様なプログラム活動を用意する。

④メンバーを暖かく迎え入れ，本人が自分のペースで，自由に選択して好きな活動に参加できるように案内する。

⑤参加者がリラックスしてグループの場にいることができるように，とまどっている人に言葉をかけ，近くの人を紹介するなどメンバーとメンバーをつなぐ役割を果たす。

⑥一人ひとりの参加者の様子を細かく観察して，次の計画に役立てる。

⑦参加者から，活動について，場所について，飲み物やお菓子などについて，新しく参加を呼びかける人についても，こまめにフィードバックや情報をもらい，次の会に活かす。

⑧親しい仲間のグループが育っていく様子に気をつけ，活動が多様化してきて，別のタイプのグループがお茶っこ会から育っていく可能性が生まれたら，参加者の意思が尊重されるように助け，支援者が前に出すぎないよう，あくまでもメンバーの自主性を尊重する。

⑨「お茶っこ会」でのメンバーのリーダーシップに注意し，次第に役割をとってもらえる計画や働きかけをし，いろいろな段階での主体的参加を促す。

⑩できる限り，メンバーの動きで観察したことや聞いた話しなどを記録しておく。関係者が会議をするときに役に立ちます。

⑪支援者のチームが協力体制を作れるように，実務を担当する者がチームメンバー間の緊密な連絡を心がけ，支援者のチームづくりに心配りをすること。

## Ⅱ　社会化のためのグループ

**目的**：このグループの目的はメンバーが，自分の所属する社会で大事にしている価値観や規範を学習して身につけ，その社会に参加し貢献できる人として育っていくことです。

## 1. 青少年のためのグループ

　子どもが自分の所属する社会で大事にしている価値観や行動規範を習得していく過程を，社会学では「社会化（socialization）」と呼んでいます。従来，健全育成団体と呼ばれていた青少年のグループを社会化のためのグループと捉えなおすことができます。このグループの典型的な例は，地域子ども会，児童館のいろいろなグループ，ボーイスカウト，ガールスカウト，YMCA，YWCA での青少年のグループなどで，日本ではその多くが社会教育団体とよばれ，行政的な所管は文部科学省になります。代表的なプログラム活動には，さまざまなスポーツや工作活動，キャンプなどの野外活動，レクリエーション活動，多様な社会奉仕活動などがあります。YMCA や YWCA は立派なキャンプ場を持ち，伝統的によく訓練されたスタッフが青少年の野外活動を行ってきました。1953 年に神戸 YMCA が日本で初めて肢体不自由児のためのキャンプ活動を行った功績は忘れられません。日本の福祉教育界でグループワークを教えた先生方の多くが YMCA や YWCA で活躍なさった方がたでした。

## 2. 学童保育クラブや放課後等デイサービス事業

　働く親を持つ小学生などのために，学童保育クラブのニーズがますます高まっています。さらに近年，増えてきたのは，「放課後等デイサービス事業」と呼ばれる地域施設で，発達障害などを持つ子どもたちが放課後の午後や夏休み等の長期の休みに日中を過ごすことができる場です。通称「放課後デイ」と呼ばれているこのサービスは 2012 年に児童福祉法を改定して，療育を取り入れつつ，子どもの発達を助けるサービスを提供しています。当然ながら，ただ子どもを遊ばせておけばいいという場ではまったくありません。安全な環境で，子どもの心身の成長を助ける職員には専門的な知識やスーパービジョンが必要です。

　これらの施設を利用する子どもたちには複数のニーズがあります。長時間を毎日，何年も過ごすのですから，いろいろな特技を持つ地域のボランティ

アにも参加してもらい，将来のある子どもたちにさまざまな興味や刺激を与えることができるよう，職員は積極的に地域の人びとと連携しながら働いて頂きたいと思います。

　放課後デイの利用者のなかには，教育委員会や児童相談所との密接な連携が必要な家庭環境で育っている子どももいます。職員の働きのなかに，親との個別的な相談，家庭訪問，地域の関連機関との連携などの仕事が入っているので，職員には教育学，心理学，社会福祉学の基礎知識が必要です。

　学童保育クラブや放課後等デイサービス事業で行う子どものための活動は学習の時間，グループ遊びの時間，運動の時間，おやつの時間，趣味活動の時間など，いろいろですが，いつも一斉活動でなく，遊びを選択できるラウンジ・プログラムのアイデアも役に立つでしょう。

　2021年に朝日新聞は放課後デイに企業が多く参入した結果，給付金の不正使用による行政処分が増えていると報じました（2021年，3月14日付け）。この結果，報酬の見直しが行われると，これまで，質の高いサービスを提供してきた良心的な事業所が影響を受けます。地域の教育や福祉の関係者がもっと連帯して，世論を高め，この放課後等デイサービス事業の質を一層高めるように期待します。

## 3. 外国籍の人が日本社会で充実した生活ができるための社会化グループ

　従来の健全育成のグループを社会化のグループと捉えなおしてみると，日本社会には適切な社会化の経験が必要な人たちが増えています。たとえば，外国籍の住民や外国籍の親を持つ子どもたちで，なかには，基礎教育の機会すら充分に与えられていない子どもたちがたくさんいるとのことです。その人たちには日本社会で充実した生活を送るための多様な社会化体験が必要です。たとえば，日本語を習得するクラスで，ただ，語学のスキルを学ぶだけでなく，ドラマや芸術活動，料理教室，いろいろな場所の見学などの文化活動を取り入れながら，日本語を勉強すると役に立ちます。このためには，応援するボランティアの数が増えることが必要です。

　また，日本社会に適応してもらうという考えだけでなく，日本人が他文化

を理解し，それを学び，ともにこの地球を住まいとする一員として，多様性を尊重し，調和を保ち，公正な社会をどう発展させていくのかを一緒に考える機会を地域社会でたくさん用意したいですね。児童館などのプログラムにもこの多様性の時代を取り入れたプログラムの企画が欲しいと思います。先を見る目がある行政とグローバルな意識を持つ若い人たちの活躍に期待します。

## 4. 他文化理解のためのソシオドラマ

　ここで，他国の文化を理解するためにソシオドラマを使って有効だったエピソードを紹介します。私が 1977 年から 2009 年の春まで勤務したルーテル学院大学はキリスト教のルター派が建てた大学です。社会福祉学科の教員であった私は福祉の先進国であるスウェーデンからいろいろ学びたく，スウェーデンのルーテル教会のお世話で，毎年のように夏には，学生を連れて，スウェーデン研修旅行に行ったものでした。

　ある年，私はスウェーデンと日本の学生たちが一諸に集まった場で「成人になった日の出来事」のソシオドラマを提案しました。ソシオドラマについては第 8 章にある「少年院でのソシオドラマ」でくわしく説明しています。この日のソシオドラマの目的は，二つの国の大学生たちがそれぞれの国で成人になった日の典型的な出来事を劇にして演じてみて相互の文化理解を深めることでした。

　まず，それぞれの学生たちが国別に分かれて相談しあい，成人になった日のどんな場面を演じたらいいかを相談し，ある程度の合意ができたら，役割をきめ，あとは自発的に「成人になった日」のドラマを演じたのです。日本の学生たちは振り袖などを着る成人式の場面を演じ，まじめに参加する若者ばかりでなく，場外であばれる若者の様子も演じてみせました。福祉の学生らしいですね。スウェーデンはどうだったでしょうか。スウェーデンの若者たちは，まず，高校の卒業式の日の様子を劇にして見せてくれました。スウェーデンでは 18 歳で成人になるので，成人式はない代わりに 6 月 6 日の高校卒業の日が成人の日にあたるそうです。大学生たちは高校生気分に戻って，一人ひとり，クラスの先生から，卒業証書をもらう場面を演じてくれま

した。おめでとう，と祝いあったり冷やしたりして，和気藹々の様子でした。どうやら，全校そろって，厳粛な気分で行う卒業式はないらしいことがわかりました。その後，家に帰ってから，家族，親戚あげてのお祝いパーティが開かれました。そして，その席での会話は選挙権の行使についてなのには，びっくり！　一人前の社会人になることは投票する権利と責任を行使することに象徴されていました。

　実際，2018年にスウェーデンで行われた総選挙ではなんと若者の85％が投票しています。これは他の年代と変わらない投票率ということです。立派ですね。異文化を理解するためにはソシオドラマという方法がとても有効でした。

### ■支援のポイント

①参加メンバーの個別的なニーズを把握し，画一的な活動展開に陥らないように注意する。

②子どものニーズによっては，地域内の他の関係機関や団体と緊密な連携が必要になる場合があるので，これらの施設職員は心理学や社会福祉制度等についての知識や理解を持って，必要とあれば，積極的に児童相談所など関係機関と連絡をとらなくてはならない。

③グループの個別化も大事です。キャンプなどでは，毎年のグループが独自であることを意識しよう。子どものグループではグループ内に派閥が形成されやすく，葛藤もおきやすい。そのような時，頭から押さえつけるのは一番失敗しやすい対処法なので，第8章の「あやちゃん」の記録から，葛藤解決のよい方法を学びましょう。

④異文化の人たちが参加するグループの支援者はメンバーの文化に敬意を払い，メンバーの文化についてよく勉強して理解を深めること。

## Ⅲ　学習のためのグループ

**目的**：このグループの目的は，自分の望む領域での知識を入手することや

特定のスキルを習得することにあります。さまざまな自己啓発のための学習グループもここに入れようと思います。

## 1. 楽しみのための高齢者学習グループ

　私は現在，有料老人ホームで楽しい生活を送っています。施設が提供してくれる水彩画や書道，フラワーアレンジメントなどのクラスに参加して，新しいことを学んでいますが，互いに励まし合う仲間がいるので，一層楽しみが深まります。私のホームでは，そのほかにも，いろいろな種類のグループ，たとえば，コーラス，手芸，トランプ，折り紙，百人一首，ビリヤード，フィットネスなどがあり，どれも利用者の生活の質をあげるために役に立っています。街のなかには，陶芸，木彫り，刺繍，フラダンス，語学など，高齢者が楽しみながら学習するグループは限りなくあります。

　私の施設の様子を見ていると，学習活動も高齢者になると，自分も含めて集まる時間を失念する人もいますし，集まってきても，職員さんにいろいろ手伝ってもらわないと活動が進まない場合も多いので，職員さんはみな，さりげなく優しくサポートしながら，一人ひとりのメンバーがグループの仲間に入っていけるように支援しています。このような支援がないと高齢者の学習グループでは活動が十分には楽しめないことを痛感しています。

## 2. 自己啓発のための学習グループ

　学習グループのなかには，子育てをもっと上手にしたいと願っている人たち，生活のなかでのストレスにうまく対処するためのストレスマネジメント・グループや，きちんと自分の権利を守るために，人の権利を尊重しながら，自分の考えを人に伝えることを学ぶアサーション・グループなどがあります。人を支援するための，いろいろな技法を学びたい専門職の人たちや，高齢者の話を傾聴する姿勢をボランティアとして学ぶ人たちのグループもここに入れましょう。活動だけを見ていると，治療と教育のグループの人たちがやっている内容と一見，同じように見える場合もあるかもしれませんが，ここでの中心は，自分が一個人として，あるいはプロの職業人として，もっ

と成長したいという願いや自己啓発にあります。

## 3. 気づきを深めてくれた自己啓発グループでの体験

　私自身はこれまで，数多くの体験学習グループに参加してきました。そこでの一つの経験をお伝えします。ワークショップの名前や講師の先生のお名前が記憶から落ちてしまい申し訳ないのですが，とても大事なことを学んだので，お話しします。

　その日，参加者全員は，いくつかのグループに分けられ，私のグループには，いろいろな年齢層のメンバーが8人いました。互いに話をしないのがルールで，自己紹介もしないままでした。グループ毎に一つの部屋が与えられ，みんなで絨毯の上に輪になって座りました。スタッフはみんなの前に1枚の大きな紙を広げ，それから，箱庭療法に使うような，小さな動物をたくさん取り出して紙の横に置きました。メンバーはそこから，自分になる動物を選ぶように言われたので，私は小さな羊を選びました。全員が自分になる動物を選び終えると，スタッフは「これから順番に無言のまま，この紙の上のどこでもいいですから，好きなところに自分の動物を置いて下さい」と言いました。スタッフの隣にいた人から，自分が選んだ動物を紙の上に置き始めました。

　1匹の動物が置かれ，次の動物が置かれた時から，その紙の上の場には意味が生じました。ドイツ語のゲシュタルト（gestalt）とは，全体を部分の集まりとして見るのではなく，「全体をひとつのまとまりとして見る」と以前に学んだことの意味がぱっと理解できた瞬間でした。自分の動物を，先に置かれた動物の近くに置くか，離れたところに置くかは自分で決めます。動物の置かれる場所を見ていた私に感情が動きはじめました。3番目に置く人の動物の位置で，自分の心の中で物語が発展していきました。誰一人，発言しなくとも，心の中の物語は徐々に進んでいき，自分の番がきたら，さらに，その物語を自分なりに発展させるべく，考えながら自分の動物をピックアップして，別の場所に置いていくのです。もちろん，同じ場所に居続けることもできますが，ほかの動物が動くと，自分のいる場所の意味も変わってきます。

沈黙して参加しているうちに，私のなかに，一つの非常に重要な気づきが生まれました。私には群れから離れた動物がいると，自分をその動物の近くに置きたい欲求が生まれるという気づきです。「ねえ，どうしたの？」とひとりぼっちの（そのように私には見える）動物に話しかけたい気持ちが動くのです。まったくお節介な，余計なお世話と言われかねない衝動ですね。でもみんな無言なので，近寄られた動物の気持ちやほかの人の気持ちはわかりません。今度，似たような状況が生じたら，もっと違う動きをして，自分自身がどう感じるか試してみよう，と私は自分で自分の気持ちと対話を始めました。ある人が，ほかの動物の背中に自分の動物を乗せたりした時には，ああ，あんなこともできるんだと，その自由な発想に刺激を受けました。みんなは黙々と動物を置く作業を１時間以上も続けていました。そのうちに，次第にみんなの動物が身を寄せ合い，とうとう，ひとかたまりになってしまいました。ひっくりかえって，隣の動物にぴったりとくっついている動物もいました。そして，どの動物も，もう動かなくていいという感じで，自分の順番がきても動かなくなったので，グループの作業は，そこで終わりになりました。とても不思議な，学ぶことが多い経験でした。何も言わなくてもいい，という自由さと面白さも感じました。グループで行う学びといっても，実にさまざまだと思ったものです。

### 支援のポイント

①一人ひとりが何をこのグループに求めて参加したのかをできるだけ知るように工夫する。そのため，必要に応じて，記入者が書きやすいように配慮した，簡単なインテークのための「申込書」，または，参加後のフィードバックを得るためのアンケートを工夫して作る。

②参加者が楽しみながら学習しているかを注意深く観察する。

③グループとして，学習が目的通り進んでいるか，どうかに注意を払う。

④支援者はいつも「開かれた態度」で，学習内容，教え方，教材，会の進め方，その他について，参加者の意見や要望を聞くこと。

⑤学習内容によって，グループの場の構成を工夫する。いつも教室風に全

員が教える人の方を見ている場の作り方だけでなく，目的に応じて，お互いの顔が見える円形などにして相互作用が起きやすくするなどの工夫をしましょう。

⑥必要に応じて，グループ全体をペアに分けたり，三人組を作ったりして，「サブグループ活用の原則」（第 7 章 174 ページを参照のこと）に従い，メンバーが参加しやすいように工夫しましょう。

⑦グループの時間以外にも，必要があれば，個人面接の時間を作ること。

## Ⅳ　サポートのためのグループ：<br>自助グループと支援者が作ったグループ

**目的**：このグループの目的は，継続的な集まりを持つことによって，メンバーが共通する困難な問題への対処経験を話し合い，問題解決のための意見や情報を交換して，支え合うことにあります。参加者が自分の力では変えられない状況にあれば，なんとかして，それを受け入れ，生活を前に進めることができるように，互いに慰めたり，励ましたりして力をかします。

サポートのためのグループは，ニーズを感じて自発的に当事者が自分たちの手で作った「自助グループ」と支援者がニーズを感じて，集まりを呼びかけたものとに分けられます。発展の過程で，自助グループが専門家やボランティアを入れて大きな組織になり，グループの性質を変えて行く場合や，最初は専門家によって編成されたグループがだんだん力をつけて自助グループに変わっていく場合もあり，明確に区別をつけるのが難しいときもあります。どちらにしても，同じ状況にある人たちが互いに自分の課題の解決を目指し，置かれた状況を改善したり，変えられない事実を受け入れたりするために，相互にサポートし合うグループです。代表的なサポートの内容は気持ちの上での支え合い，助言や情報を交換して，力づけ合うなどです。

最初に自助グループから見ていきましょう。

## 1. アルコール依存者のための自助グループなど

　自助グループのなかで，最も歴史が長く，よく知られているのはアルコール依存の人たちによる AA でしょう。AA とは Alcoholics Anonymous の略称で，アノニマスとは，匿名という意味で，参加者は匿名で参加します。日本には AA 日本ゼネラル・サービス・オフィスという団体があり，そのホームページによると「AA とは，さまざまな職業，社会層に属している人々がアルコールを飲まない生き方を手にし，それを続けていくために，自由意思で参加している世界的な団体です」とあります。

　AA がアメリカで始まったことはよく知られています。1935 年に証券マンであったビル・ウィリアムと外科医のボッブ・スミスがオハイオ州のアクロンで出会い，二人はアルコール依存の状態を終わりにしたいという共通の思いから，お互いのこれまでの経験を分かち合い，これからの断酒を誓い合いました。定期的に会って，話し合い，励まし合う仲間を増やそうと AA を設立したそうです。

　戦後の日本では，米軍や関係者の間で AA の会合が英語で持たれていたそうですが，日本語の会合が最初に持たれたのは 1975 年です。AA の関係では，現在，アルコール依存の親をもつ若い人や成人の会，または配偶者などの会もできており，非常に有意義な働きをしておられます。

　また，日本には，匿名でなく参加する会として全日本断酒連盟があり，各地に支部があります。この会のホームページには「断酒会活動の基本は例会である」とあり，この例会でメンバーは，自分のこれまでの飲酒と自分が引き起こした問題，いまの状態について話すのです。ホームページには，この話を聞くことによって参加者に「一体感」と「自覚」が生まれ，「これが断酒活動の原動力である」と書かれてあります。

　私は勤務先の大学がある三鷹市で開かれた断酒会の例会に何回か，勉強のために，参加させてもらいました。会場には，50 名くらいの人が壇上の話し手に耳を傾けていました。私には，どの話も参考になりましたが，なかでも「当事者の妻」の話は，いまでも忘れることができません。

　「私は結婚したばかりの時に買ったネグリジェが，いまでも，きれいなままです。なぜかというと，ネグリジェを着て，ゆっくり寝たことがなかったからです。まだ帰らない夫を待っている時，いつ，どこから，誰から呼び出しがかかるか，わからないので，いつでも飛び出せるように，ネグリジェ姿で寝るわけにはいかなかったからです」と話が始まりました。帰ってこない夫を待っている真夜中に，玄関から入ってすぐのところにある台所の掃除をしていたそうです。やっと，夫が酔って帰ってきました。「私が夫に，遅かったわね，と言うと，夫は自分のズボンのベルトをさっと抜いていきなり，私を殴ったのです」と話されました。でも次の一言が大事。「こんな人でも，酔っていない時は，本当にいい夫（ひと）なんです！」

　このご婦人はその後，夫と助け合って断酒会に参加し続け，いまではお酒無しの生活を送っている，とのことでした。皆さんが真剣に話に聞き入っている様子を見て，このような会の意義を強く感じました。

　多くの自助グループでは，発表された話についての意見などは一切言わない「言いっぱなし，聴きっぱなし」をきまりにしています。

　薬物依存の自助グループ，ダルクの名を聞かれた方も多いでしょう。断酒会と同じような例会を持って，自分の話を正直に話す，みんなはじっと，その話を聞くのが通常のプログラムのようです。もちろん，薬物の依存者はみな，専門医療機関と連携し，治療をきちんと受けることが重要ですので，医療機関と自助グループが，それぞれ，役割を分担して，総合的な治療とリハビリテーションのプログラムを展開するのが理想です。もっともっと，多くの薬物依存の治療にあたる専門家が育ち，薬物依存に苦しむ人たちのリハビリテーション・サービスを充実させたいものです。

## 2.　虐待する親たちの匿名自助会（PA；Parents Anonymous）

　アメリカのソーシャルワークの教科書には，びっくりするような自助グループの話がたくさん書いてあります。たとえば，カリフォルニア州に住ん

でいたジョリーさんというお母さんは，いろいろなストレスから，自分の娘の首を絞めるという衝動的な行動に走って，自分でも絶望的になり，日本の児童相談所のような専門機関に，相談に行ったそうです。そこでジョリーさんは治療を受け，セラピストと相談して，4年後の1970年に「虐待する匿名の母親の会（Mothers Anonymous）」を作りました。その後，カリフォルニア州にいくつかの支部ができ，その後，父親も参加できるように名前を「匿名の親の会（Parents Anonymous）」と変えて，いまでは全米規模の団体に発展し，カナダにも支部ができているそうです。プログラムは毎週の例会と危機の場合の電話やメールによる助けあいの二本立てのようです。子どもを虐待する親たちは多くの場合，助けてくれる親しい人を持たないし，子どもを虐待する行動について普通の人からは共感が得られにくく，孤立しがちです。このような自助グループでは，メンバー同士がわかり合い，支え合うことができるので，非常に有意義だということです<sup>(注1)</sup>。

## 3. 性的虐待を受けた女性たちの自助グループ

人口100万くらいのM市に性的虐待を受けた女性たちの自助グループがあります。この会の代表によれば，自分が精神科のクリニックで治療を受けているうちに，気持ちが落ち着いてきたので，同じような経験をした人と仲間を作って前向きに生きていこうと願って，このグループを作ったとのことでした。

私は数年前，この自助グループに招かれました。私に，SSTを使って自分の行動のとり方を教えてほしい，適切な行動を自分が練習する様子をみんなに見てもらい，話し合いをしたいとのことでした。練習したい課題は「パートナーの性行動への誘いをどう断るか」というものでした。非常にプライベイトなことだが，ほかのメンバーに開示してもいいとのことでした。みんなで一緒に考えた結果，この状況で獲得したいスキルは，①パートナーに夕食時など，早めに今日の自分は疲れているなどのサインをだす，②相手が好きだという気持ちを伝える，③今日はできないけれど，いつなら，いいという代案を伝えるという三つであることをグループで明確にしました。

練習したい人がグループの中で，そのスキルを使ってロールプレイで練習し，とてもよくできました。参加者たちも皆，参考になったと喜んでいました。私は，お手伝いしながら，皆さんの積極的な生き方に感銘を受けました。長年，SST をやってきた私にとっても，このような練習課題は初めてでしたが，大変よい結果になり，私も勉強になりました。

その後の話し合いで，セクハラ，という考え方をめぐって，意見の交換が行われました。職場で，男性の上司が性的な話題で話をしたがる，それに対して「それはセクハラじゃないですか」と直ぐ，抗議できる人は，そのグループでは，40 歳以下の人たちで，40 歳以上の人たちは，そのような言葉も使えないし，抗議もできないことがわかりました。40 歳以上のメンバーは，自分の権利を守るために発言する練習が必要という結論でした。参加者はどなたも積極的に発言しておられ，前向きのすばらしいグループでした。

## 4. 認知症の人をケアする家族の会やオレンジカフェなど

私は自分の住んでいる仙台市の広報を注意して読んでいます。これまでの「認知症高齢者を抱える家族の集い」として講師を招いての介護講座が，2021 年度の 4 月号の案内から，「認知症当事者と共に歩む家族のつどい」に変わりました。案内は「認知症の家族の介護について，一人で悩んでいませんか。同じ立場の方同士で話すことで，気持ちに余裕が生まれます。気軽にご参加ください」とあり，午後 1 時半から 3 時半までの 2 時間の内容は「座談会」になっていました。

2012 年に厚生労働省は「認知症の人の意思が尊重され，できる限り住み慣れた地域のよい環境で自分らしく暮らし続けることができる社会を実現する」オレンジプランを作りましたが，2015 年には新オレンジプランとよばれる認知症施策推進総合戦略を発表しました。2017 年にはさらに改定を行い将来に備えています。この新オレンジプランの関係で，最近は，地域に認知症カフェが増えてきて，それをオレンジカフェと呼んでいるところもあります。このカフェには，当事者の方，ご家族，ボランティアなど，いろいろな人が参加されるようになっています。

残念ながらこれらの活動はコロナ禍のなかで，この本を書いている 2021 年には，ほとんど中止をやむなくされています。

　広く知られていることですが，日本の認知症研究者の第一人者として著名な長谷川和夫先生が，高齢になられてから，ご自分が認知症を持つようになったことを開示されました。長谷川先生は認知症になられてからのご経験やご自分の思い，ご家族の支援や交流などをいろいろな講演で話をされ，ご病気を持ちながらも積極的な社会的役割を果たして，多くの人に力を与え続けておられます。「認知症になったことは不便だけれども不幸ではない」と言われる先生のお姿を「長谷川和夫先生，動画」と検索すると拝見することができ，とても勇気づけられます。

## 5. グリーフワークの会

　近年，多くなったグループの一つに，夫や子どもを亡くした悲しみを少しでも癒やす目的で同じような経験をした人たちが集まるグリーフワークの会があります。亡くなった人に対する悲しみを英語では，グリーフ（grief）といい，その気持ちを表現して前向きになるための自分の努力をグリーフワークと呼び，その人たちのケアにあたる仕事をグリーフケアといいます。

　アメリカでは 80 年代からグリーフワークのグループが始まりました。その頃，私が見学したアメリカのミネアポリス市の病院では，子どもさんを癌で失ったご両親のために，その病院のソーシャルワーカーが，半年は，病院の仕事として，ご両親の喪失感のケアにあたっておりました。具体的には，病院が集まる場を用意して，子どもを亡くした親のためのサポート・グループが定期的な集まりを持っており，支援者の仕事は，該当する人がそのようなグループに参加するよう動機付け，応援すること，また，サポート・グループの運営を側面から支援することでした。

　グリーフワークの重要性が理解されるにつれ，日本でも各地にグリーフワークの会が作られてきました。私の住んでいる仙台にもあるようです。大人は自発的に，このようなグループに参加することができますが，親を失った子どもの場合は治療グループに分類した方が適切なので，次の「治療とリ

ハビリテーション」の項目のなかでくわしく説明します。

　以上，いろいろなサポート・グループを見てきましたが，『サポート・グループの実践と展開』という高松里先生編集の本には，いろいろなグループが紹介されていますので，サポート・グループに関心のある読者は是非，お読みください[注2]。

　また，同じ高松先生が最近，『セルフヘルプ・グループとサポート・グループ実施ガイド』という本を出されました。実際にこの種のグループを作ろうと思う人の手引きとしての知恵がつまっています[注3]。

## 支援のポイント

①自助グループの支援に一番，大切なのは，支援者が先に立って，グループを引っ張っていかないようにすることです。このグループはあくまでも，当事者が主体であることを肝に銘じなくてはなりません。この重要性は何度繰り返しても足りないほどです。いろいろな情報を提供しても，それはあくまでも参考のためで，その情報を活かすかどうかを決めるのは当事者自身です。

②メンバーが抱えている問題の多面性をよく理解し，まずはいまの時点で，グループがお互いから，どのようなサポートを必要としているのかをきちんとアセスメントできることが大事です。

③メンバーが自己開示をし過ぎないように見守るのも大事な支援です。

④支援者は当事者よりも学識が深いかもしれませんが，教え過ぎないように注意しましょう。お互いがどのようなサポートをもらいたいと願っているか，その気持ちを大事にし，当事者の能力を活かしましょう。

⑤参加している人がそれぞれ，発言のチャンスが与えられるように，その日の司会者を助けましょう。

⑥必要に応じて，地域で使える会場の情報やもらえる補助金などの資金面での情報を提供します。

⑦支援者は補助金の申請の方法にも詳しいでしょうから，応募文章の作成を手伝いましょう。

⑧地域にむけて，自分たちの会の広報をするとき，また，このような趣旨の自助グループの重要性を知ってもらうために啓発活動の計画を助けます。

⑨新しい会員を得るための計画に力を貸します。

⑩会員の間に意見の食い違いがあり，葛藤が生じるときには，第三者として，冷静に意見の調整に力を尽くします。（第7章188-190ページに少し詳しく葛藤解決について述べています。）

⑪行政に特定の自助グループの存在を認めてもらうと地方の審議会の一員をその自助グループから出すように依頼されるかもしれません。選ばれた人は，その場にいるだけでなく，自分たち当事者の意見を代表して発言できるよう，意見をまとめ，発言もSSTで練習しておくように支援しましょう。

⑫つねに当事者の権利擁護に努めます。当事者と同行する，当事者が行政や関係機関や団体と交渉するときに同席する，当事者に代わって発言するなども権利擁護です。権利擁護に当たる英語はadvocacyですが，よく，これを「代弁」と訳しているのをみかけます。しかし，権利擁護の仕事は当事者の権利を本人の代わりに発言するばかりではありません。当事者が発言できるように，いろいろ準備して助けるのも権利擁護の仕事です。補助金を申請するときに，役所に当事者と一緒に行く，医療機関に本人と一緒に行く，このような同行も当事者の権利を守る働きで，自助グループの支援には大事なことです。

## V　治療とリハビリテーションのためのグループ

**目的**：このグループの目的は，精神的，情緒的な問題をもつメンバーの症状からくる苦しみを減らし，人間関係や暮らしを立て直し，当事者や当事者の家族などケアに当たる人の認知や感情や行動の変化によって，当事者や家族がより安定した生活ができるよう支援することです。

治療のためのグループは実にさまざまで，病気の数ほどグループの種類が

あると思えるほどです。それらに関する本もたくさん出版されています。

　ここでは，私の体験も紹介しながら，親を失った子どものための心のケアにあたるグループを紹介します。

## 1. こどものためのグリーフケア：ダギー・センターの働き

　子どものグリーフワークを支援するサービス，つまりグリーフケアとよばれるサービスを発展させてきたアメリカの実践を紹介します。全米には，子どものためのグリーフワークを助ける施設がたくさんありますが，最初に作られたのは，オレゴン州のポートランド市にある「ダギー・センター（The Dougy Center）」です。

　小児科医の妻であり，看護師として，子どもの病気の治療にあたっていたビバリー・チャペルさんは，子どもが愛する親を失った悲しみを十分に癒やさないまま，「いつまでも泣いているとお父さんが天国で悲しむから，もう泣かないで」などと必要なグリーフワークがとめられると，やがて，子どもは病気になったり，非行に走ったり，その後の成長に問題を起こすことが少なくないとわかったそうです。1982 年にチャペルさんは子どもと残された片親や関係する大人のために，このダギー・センターを設立しました。設立してから，5 年目くらいに，私は，直接この施設に学生を連れて見学に行き，その有意義な仕事にたいへん感銘を受けました。

　当時は，静かな住宅地に，外から見るとやや大きめの普通のお家があり，そこがセンターでした。子どもたちがそれぞれのグループに分かれて，会合を開いている間，親たちは，大きな居間で話し合いをしていました。子どものグループは年齢や，親の死因別（病気，自殺，他殺，交通事故など）に分かれて作られていましたが，なかには，亡くなったのは親ばかりでなく，兄弟姉妹の場合もありました。妹と一緒に川遊びをしていたお兄ちゃんが，不幸にも妹から目を離した時に，妹が川でおぼれて亡くなり，そのお兄ちゃんは，その後一切，水にさわることができなくなりました。しかし，センターでいろいろな遊びをグループで試みているうちに，その子はだんだん，水に手をぬらすことができるようになり，心を落ち着かせていったとのことで

す。その子がいたセンターの部屋には，救急車のおもちゃや，家族の人形
や，白衣や，いろいろな病気や死の物語に必要なおもちゃがあり，それらは
プレイ・セラピーに使われていました。

　子どもが集まるどの部屋にも，いろいろな大きさのふわふわしたぬいぐる
みが沢山置いてあり，話をしたり，聞いたりしている間中，子どもは好きな
ぬいぐるみをしっかり抱いていることができます。いろいろな顔の表情をし
た大きなポスターが壁に貼ってある部屋もあり，「いまの気持ち」を言葉で
は言えない子どもが壁のポスターをみて，「あの一番上の列の右端から2番
目の顔の気分」ということができます。

　地下室に「火山の部屋」と名付けられた防音装置が整った部屋がありまし
た。どんなに大声でわめいても，ののしっても，外には聞こえません。四方
の壁にはすべて，厚いマットが入っていて，体をぶつけても怪我をしないよ
うになっていました。「思いっきり泣いてもいいし，叫んでもいいよ」と自
由な感情表現ができる特別なスペースなのです。

　ちなみに，私が見学に連れて行った日本の学生のなかに，片腕に大きなや
けどの跡が残っている女性がいました。高校では，いつも長袖をきていまし
たが，大学にきてから，初めて，暑い日は半袖でいることができるように
なったという人でした。その学生が「火山の部屋」を見たときに，「ああ，
こんな部屋がほしかった」と心から言ったのです。その声を聞いたとき，健
康な腕を失うという悲しみにも適切なグリーフワークが必要だということが
すぐわかりました。そう思うと家族を失う悲しみ以外にも，いろいろ大事な
ものを失ったグリーフワークのニーズに敏感でありたいと考えさせられたの
です。大事な学びを与えられた思い出です。

　ダギー・センターは現在，毎月550名の子どもと400人以上の利用者の親
のケアに当たっているそうです。スタッフは18名，ボランティアは150名
もいるそうです。当事者へのサービスは一切，無料で，運営の費用は寄付と
研修などの収益でまかなわれているとのことです。くわしくはインターネット
のホームページをご覧下さい。

## 2. 法の決まりで参加させられる治療教育的グループ
## 　（インバランタリーな参加者）

　治療のためのグループのなかには，法の決まりによって自分の意思に関わりなく参加を要求され，運営されるグループがあります。たとえば，更生保護法のきまりに従って治療教育的な処遇を受けに保護観察所に集まってくる人たちがいます。現在のところ，保護観察所には，性犯罪者処遇プログラム，薬物再乱用防止プログラム，暴力防止プログラム，飲酒運転防止プログラムなどがあります。

　このうち，薬物再乱用防止プログラムについて少し，くわしく見てみましょう。保護観察が始まったとき，一定の要件を満たした薬物事犯者は一般遵守事項<sup>(注4)</sup>のほかに，特別遵守事項として，「薬物再乱用防止プログラム」への参加を保護観察終了まで義務づけられます。法律によって，参加を義務づけられているので，この人たちはインボランタリーなクライエントと分類されますが，もちろん，なかには，今度こそ立ち直りたいと熱意を持って主体的に参加する人もいますし，参加しなければ仮釈放が取り消しになってしまうので，いやいや参加する人もいます。まれには，「薬物を止める気はない」とグループのなかで公言する人もいて，必ずしもグループにいい影響を及ぼすとは言えない場合もあるとのことです。しかし，これは当然，いろいろな人がいるのですから，予想の範囲内でしょう。

　ある保護観察所での実践です。薬物の当事者に関しては2種類のプログラムがあります。コアプログラムとよばれるものは2週間に1回実施。8名程度の男性グループを，毎月開始し，年間で約12グループを実施しているとのことです。コアグループを終了した人たちは，その後，1カ月に1回，ステップアップ・プログラムに参加します。やはり8名ぐらいのメンバーで行います。その保護観察所では，1カ月に8グループくらいを実施しているとのことです。

　どちらのグループでも，参加者はみな，保護観察所にきたとき，簡易薬物検出検査を受け，陰性であることを確認してから，グループでテキストを

使って，グループ学習を行います。その内容は認知行動療法に基づいて，覚醒剤を再使用しないですむような具体的な方法を学ぶということです。

決められた日時に参加しなければ，遵守事項違反となり，仮釈放の取り消しで再度，刑務所に収監される場合があります。体調不良で休むときには，診断書を提出するように指導されます。そのようなことにならないよう，この当事者を担当するファシリテーターと呼ばれる人たち（保護観察官とその他の外部の専門協力者）と主任保護観察官と担当保護司のチームワークが大事になってきます。

さらにこのグループの終了後も薬物の問題が少しでも解決に向かうようにするには，地域における切れ目のない支援が必要です。国は 2015 年（平成 27 年）11 月に「薬物依存のある刑務所出所者等の支援に関する地域連携ガイドライン」を法務省と厚生労働省とで共同策定し，全国の自治体に通知しました。これによって，関係機関が適切に連携し，多機関連携によって，効果をあげていく道が開かれました。

最後に，このようなグループを担当している保護観察官の感想を伺いました。とても丁寧に教えて下さり，有り難うございました。

保護観察官との個別面談で，自分の過去を話すことに抵抗を見せていた当事者が，グループのなかで，他の参加者が自分の過去を率直に話す様子に心を動かされ，抵抗なく自分の過去を話す様子を見て，同じような経験をしている人たちのグループが，どんな経験も安心して話せる場になっていることに気づかされたそうです。

同じような経験をしてきた参加者の頑張っている話を聞いて，「自分も頑張ろう」と勇気をもらったり，薬物再利用を繰り返す参加者の失敗してきた話を聞いて，「自分はそうならないようにしよう」と再決心したりする参加者の様子を見て，参加者の体験談ほど説得力のあるものはないと強く感じたそうです。

プログラムを重ねてくると「今日もみんなに会えた」と安心する参加者や「みんなで無事にプログラムを終了したいな」と話す参加者をみて，グループには一緒に頑張ってきた仲間とのつながりを強くする力があることに気づ

かされたと担当保護観察官は言っておられます。

　インバランタリーな参加者のグループワークに関しては，　グルーピング（誰と誰をメンバーにするか），実施期間や頻度，プログラムの運営方法，教材など，まだまだ，さらに研究が必要ですが，このような有意義なグループワークが保護観察所で行われていることに敬意を払い，できる限り協力したいものだと思わせられます。

### ▌支援のポイント

　人間や社会についての研究は日進月歩です。とにかく，勉強を続けることが大事です。人間に関して，生物学ないし生理的な研究の成果，心理的な研究の成果，社会学的な研究の成果がいろいろな学会や出版物によって，毎日のように発表されており，情報の波におぼれそうですが，しっかりアンテナを張っていましょう。一人の人間が理解して，使いこなせる情報や実践の方法には限界がありますが，ネットワークを通じて，自分にピンとくる情報を受信し続けましょう。

①そのために自分の仕事をサポートしてくれる仕事のネットワークを持っていることが大事です。同じ専門職ばかりでなく，ほかの専門職の人たちとの交わりが重要です。「同じだなあ」と共通性を発見する喜び。「なるほど，そういう考え方もあるのか」と目からうろこの経験も与えられます。

②どんな本でも購入し続ければ，ふところが痛みます。自分が使いやすい図書館を持っていて，いつまでも学生気分で図書館を使う人になるのはいくつになってもできます。市民に開放している大学の図書館もたくさんあります。もう一度言います。勉強を続けましょう。

## VI　課題グループ（task group）

課題グループの目的は特定の課題達成のために働くことです。

人間の多様なニーズを充足するために，社会はさまざまな組織を作って分業しています。社会福祉関係の組織体だけを考えても，その組織体の目的達成のために，いろいろな小グループが組織のなかに作られています。たとえば，理事会や評議員会，施設内の事業計画委員会，倫理委員会，苦情解決委員会，特定の行動計画委員会，ケース会議など，さまざまです。

　特定の地域社会全体の福祉向上のために都道府県や区市町村に社会福祉協議会（以下，社協と呼ぶ）が作られていますが，これらは社会福祉法に基づいているもので，それら社協の中央組織として全国社会福祉協議会が作られています。

　それぞれの社協は地域内のさまざまな関係団体と連携して仕事を進めています。そのため，特定の課題に絞って小委員会を作り，会合を持って検討することが普通に行われています。社協職員は，集まってくる委員会のメンバーがどのような組織を代表する，どのような立場の人であるかを知っているので，個別化ができており，その認識に基づいて，そのグループの課題達成のために，必要な支援行動を取っていきます。

## 1．社会福祉関係団体の理事会について

　日本にはいろいろな社会福祉関係の団体や施設がありますが，それぞれが立派な仕事を展開しているのは，運営の責任をとる理事会に支えられているからです。理事会は課題グループの代表的なものです。それぞれの理事が真剣に法人の財政問題などに敏感になり，現場職員の喜びも苦労もよく把握して，10 年先，20 年先の社会を視野に入れ，その法人のあり方をめぐって真剣に討議を重ねています。しかし，改善が必要な理事会がないわけではありません。理事の仕事を名誉職のように思い，施設や団体の切実な問題に責任をとって対応する考えを打ち出すよりは，まだまだ忖度（そんたく）が大事にされ，すべてを事務局の言うとおり，従来の方法通りにやっているところがないわけではありません。事務局のお膳立てに従って予定通りの運びにする暗黙のきまりがある理事会は，最初からそのきまりに従える人しか選ばないのかも知れませんが。そうなると施設を運営する専門職の責任が大きく問

われるでしょう。

　私がアメリカの大学院で学んだソーシャルワークの授業のなかで，専門職員は理事会のメンバーを教育する責任があること，そのために職員は日頃からどのような働きかけの準備をし，どのような資料を準備したらいいのかに関する講義や討議がされました。また，事業体の基金や運営費を集めるために，どのような広報活動や募金方法があるかをクラスで討議したことも思い出します。社会福祉関係の組織体を維持し，改革していくためこのような授業はとても大事です。しかし，その意義を理解するには，実務経験のない大学生には無理で，実務経験のある人が大勢学びに来るアメリカの大学院生には，必要で興味あるテーマだと思います。日本のソーシャルワーク教育はまだまだ，学部レベルが中心なのは非常に残念です。ちなみに私の母校のコロンビア大学の大学院は修士課程で1学年250名くらい，修士課程2カ年で合計500名の学生が熱心に勉強しています。博士課程の学生も大勢います。日本の大学院ではソーシャルワークの修士課程の学生数が一桁にとどまっている学校が多いことは本当に残念です。

## 2. アメリカでの地方YWCA理事会での経験

　2000年に入ってからでしょうか。日本人で長くアメリカのYMCAやYWCAで活躍された本間立夫さんと恵美子さんご夫妻をニュージャージー州のご自宅にお訪ねしました。恵美子さんは長年，日本やアメリカのYWCAでソーシャルワーカーとして働いてこられ，お訪ねした当時，住んでいた地域内のYWCAの理事をしておられました。日本人としては初めてということでした。理事はボランティアですが，YWCAのような伝統のある団体の理事であることは，アメリカでは，とても社会から尊敬される地位となっています。

　訪問した次の日に，たまたま，理事会があるというので，私は，その理事会の見学をさせて頂きました。みなさん，フレンドリーに歓迎して下さり，いかにもYWCAの集まりらしい雰囲気でしたが，それは会が始まっても変わらず，一番印象に残ったのは，途中で職員も入れて，15人くらいの参加

者が小さなグループに分かれ，特定の課題の解決策をブレイン・ストーミングの方法を使って，真剣に意見を交わしていた様子でした。ブレイン・ストーミングとは一つの課題について，頭にひらめいたアイデアを思いつく限りあげ，自由にそれらについて，討議するグループ運営の技法です。このような自由な光景はこれまで私が関係した理事会では全く見たことがなかったので，民主主義社会における民間法人の理事会のあり方として，忘れることができない思い出になりました。

## ▌支援のポイント

①支援にあたる課題グループでのメンバーの効率的な参加のあり方について自分なりのイメージを持っておく。

②組織の活性化のために何が必要か，創造的な取り組み方はないかを考え続け，組織が形骸化しないように気をつける。

③取り組むべき作業の優先性のリストをつくる。そのために必要な根回しを考えておく。

④期限をきって，達成可能な具体的な目標をたて，課題を細分化して，それぞれの達成期限を意識して取り組む。

⑤地域内の人的・物的資源について，いつも最新の情報を確保しているように心がける。

⑥関係者間の意見が一致しないときは，一致している事項と一致していない事項を整理し，一致していない点について検討すべき事柄に優先順位をつけて，取り組む。

⑦自分ひとりで抱え込まずに，いろいろな人に相談すること。

## Ⅶ　フォーカス・グループ（focus group）

**目的**：このグループの目的は以下の三つのうちのどれかです。

①一つの組織体の事業に関連して，どのようなニーズ，課題，問題，解決

策があるかについて必要な情報を入手する目的。

②ある課題や問題について予定している特定の対策や複数の対策につい
て，あらかじめ関係者の反応を調べる目的。

③現在，行っている事業に対して関係者の実際の受け止め方や改善のため
の意見を聴く目的。

　社会福祉協議会など，地域社会全体の福祉を絶えず視野に入れて，先を見
据えた仕事をしていく責任のある事業体では，まさに「着眼大局，着手小
局」の精神が必要でしょう。そのために，いつも，いま地域で実施している
サービスの実態について把握し，将来に向けてのビジョンを持っていること
が必要です。それらに関して質問紙をつくって調査を実施するなかで，率直
な"本音"を聞くことが可能です。このために作られるグループがフォーカ
ス・グループです。

## 1．T市社会福祉協議会での取り組み

　T市は人口18万の典型的なベッドタウンで，昼夜の人口差が大きかった
時期がありましたが，人口の高齢化に伴って，次第に在宅で介護を必要とす
る人が増えてきました。そのため，市内にも介護サービスを提供する多様な
組織の事業所が数を増し，また，さまざまな専門性を持つ「介護支援専門
員」が働くようになってきました。

　T市の市社協は住民に満足してもらえる介護サービスを目指してフォーカ
ス・グループを作りました。具体的には，ケアマネジメントを行う介護支援専
門員が自分の仕事にどのように満足し，仕事の質を上げるためにどのような
手段で情報を集めているか，どのような研修に参加し，それらについて，ど
う評価しているか，自分の仕事と地域の社会福祉の向上との関連について，
どのような意識を持っているか，などに関して情報をもらうためでした。

　それぞれ，運営形態の違う事業体から選ばれた介護支援専門員は6名で女
性4名，男性2名でした。グループインタビュー形式で半構成化された多く
の質問について自由に発言してもらい，約2時間半で会は終了しました。司

会は市社協職員が行いました。発言はテープにとり，文字化して，全員に読んでもらい，必要な訂正を行いました。それを踏まえて，質問によっては発言用語の頻度を統計処理するなどの分析も行い，考察を加えました。

そのすべてをここで紹介することはできませんが，まず，6人全員が自分の仕事についてやりがいを感じていることがわかりました。そのなかから，いくつか，改善を望む意見もでました。支援業務を行っていくために必要な情報の取得には全員が努力をしている様子がわかりましたが，介護保険事業所以外の地域の関係機関や施設の情報や多様な社会資源の情報がワンストップで提供される機関がほしいという希望が複数ありました。

研修に関しては，自分自身のスキルアップのために自発的に参加している人が多いこと，行政などで行われている研修については改善を望む意見もありました。研修方法としては座学よりも小人数のグループによる体験学習を望む声が複数ありました。これらとの関連で地域内の支援困難なケース検討ができる勉強会などの開催を望む声も聞かれました。

地域における福祉サービスの向上に関しては，いろいろな専門職が地域内で働いているので，それらの人びとが参加して，一緒に研修の企画をすることができると非常に有益だという活発な意見も述べられました。

T市社協では，このようなフォーカス・グループを設けて貴重な意見を聞くことができたのはきわめて有意義であったと評価しています。

## ▌支援のポイント

①関連する組織や地域社会に，どのような問題や課題があるのか，また近い将来に，どのような問題が起こりうるかについて常に探求する態度を持っていること。

②社会情勢や政策の最新動向についても，常に把握する努力を行うこと。

③フォーカス・グループの活用が適しているかも知れない問題や課題について敏感になり，必要だと判断したら，積極的に準備を行うこと。

④自分が活動する地域内の人的・物的・制度的な社会資源を幅広く把握し，どの資源とどの資源を組み合わせれば，より大きな効果が期待でき

るかを注意深く考えること。

⑤自分の専門職に関して最新の知識を持つよう勉強を続けると同時に他の専門職業人との関係を大事にし，ほかの分野から学ぶ開かれた姿勢を持つこと。

（注1）Charles H. Zastorow : Social Work With Groups. Cengage Learning, 9th ed. p.2016, 2015.

（注2）高松里『サポート・グループの実践と展開』金剛出版，2009.

（注3）高松里『セルフヘルプ・グループとサポート・グループ実施ガイド』金剛出版，改訂増補，2021.

（注4）更生保護法に基づき，保護観察官や保護司と面接することや生活の様子を報告するなど，立ち直りに必要な守るべき約束。

# 第4章

# 自然に形成された少年グループと働く

——アメリカのストリート・アウトリーチ・ワークの実際——

> 　自然発生的なグループの代表的なものに，非行少年
> グループがある。この章では地域内の支援者組織が少
> 年らに働きかける「アウトリーチ・サービス」につい
> て，アメリカの実践を歴史的に振り返り，新しいやり
> 方で効果をあげているシカゴの様子を紹介する。

　グループには自然発生的に生まれるもの（natural group）と特定の目的
を達成するために人の手で編成されるもの（formed group）の二つがあり
ます。後者は編成グループとか人為集団などと呼ばれます。この章では自然
発生的なグループに対する支援の取り組みを考えてみます。

　自然発生的なグループには各種の自助グループや非行少年のグループなど
があります。この章ではアメリカで行われてきた非行少年を支援するスト
リート・アウトリーチ・ワーカーの実践の昔と今の様子を紹介し，支援の目
的達成のためにどのような働きかけの諸条件を整えてきたかを学びたいと思
います。

## I　非行少年のグループについて：川崎の事件

　都市化・工業化が進んだ多くの国に，家庭にも学校にも自分の居場所がな
く，地域のどこかに自然に集まっている少年たちをみることがあります。こ

のような少年は，みんなが同じ悩みを持っているほかに，一人ひとりが独自の悩みも持っています。どの国でもこのような少年たちに心を寄せ，いろいろなレベルでの支援を展開しています。たとえば日本では，法務省が主唱し毎年7月を強調月間として全国的なレベルで「社会を明るくする運動」を展開しており，さまざまな催しを通して犯罪や非行を予防し，罪を犯した人たちの更生に地域社会が協力して取り組むことを呼びかけています。各地方自治体は青少年の健全育成条例を作っています。たとえば神奈川県は1955年（昭和30年）に施行された「神奈川県青少年保護育成条例」を持っていますし，神奈川県下の川崎市には，「川崎市青少年の健全な育成環境推進協議会」があります。その設置要綱で「少年たちが犯罪被害者となる事件を未然に防止するとともに子どもたちが安心して暮らせる地域環境づくりの支援」をうたっています。

　しかし，残念なことに事件は起きます。2015年（平成27年）2月，川崎市で中学1年生の男子生徒が仲間によって殺害されました。被害者はわずか13歳でした。ゲームセンターの遊び仲間だった先輩から夜中に呼び出され，河川敷で三人から作業用のカッターナイフで切りつけられたうえ，凍えるような川で泳がされ，さらに切りつけられて命を絶ったのです。傷跡は43カ所に及びました。この悲惨な事件は多くの人の関心を呼び，事件のあと延べ1万人とも言われる人たちが何週間にもわたって，花などを手に河川敷を訪れた様子は広く報じられました<sup>(注1)</sup>。

　この事件のあと，マスコミはスクール・ソーシャルワーカーのあり方などを論じていましたが，私自身は，このような事件はとうてい非常勤のスクール・ソーシャルワーカーが予防できる仕事ではなく，北米の大都市で働くストリート・アウトリーチ・ワーカーが日本にもほしいと強く思ったのです。少年のためのストリート・アウトリーチ・ワーカーとは地域の支援団体に常勤で雇用され，家庭や学校から疎外され非行仲間に入っている少年たちに近づいて信頼関係を築き，少年らが非行を減らし生活上の困難を解決するように支援する人のことです。ソーシャルワークの教科書では，支援の第一歩を「ケースの発見とエンゲージメント」と説明していますが<sup>(注2)</sup>，それはまさ

にこのような少年たちに近づいて，多くの必要な支援の可能性を発見し，関係作りに励み，必要な支援につなぐことができる状況にあてはまるソーシャルワーク援助過程のはじまりです。しかし，残念ながら，街にいる少年たちのための働き手はまだ，その時の日本にはいませんでした。

　川崎男児生徒殺害事件の加害少年たちは変動する今の社会を反映する環境に育っていました。三人のうち，二人は母親がフィリピン人の元ホステスで，家庭にいろいろな困難があるばかりでなく，少年らは学校でも仲間はずれだったそうです。また，残りの一人は精神鑑定の結果，ADHD の傾向があると報告されました。私は『ケーキの切れない非行少年たち』という本を書かれた児童精神科医，宮口幸治先生のご意見に賛同しています。宮口先生は，「問題があっても病院に連れてこられず，障害に気づかれず，学校でイジメに遭い，非行に走って加害者になり，警察に逮捕され，そこで初めてその子に“障害があった”と気づかれる現状」は現在の特別支援教育を含めた学校教育がうまく機能していないことを物語っていると述べておられます[注3]。

　川崎の少年たちに，もし，親身になって相談に乗ってくれる兄貴のような存在のストリート・アウトリーチ・ワーカーがいれば，あのような事件は起きないで済んだかもしれないと思った私は，本書を書くにあたって，改めてアメリカのストリート・アウトリーチ・プログラムの最近の様子をインターネットで調べてみました。その結果，ストリート・アウトリーチのやり方がかなり昔とは違ってきていることがわかりましたし，明白な効果を示す実証研究もありました。この新しいやり方は実践そのものが参考になるばかりでなく，実践の根拠をおく理論の変化も興味深いので，以下詳しく紹介します。

## Ⅱ　ストリート・アウトリーチ・プログラムの歴史

### 1. 初期のストリート・アウトリーチ・ワークの実際例

　アメリカにおけるストリート・アウトリーチ・プログラムの歴史はもう70 年以上にもなります。すでに述べたように，1950 年代半ば，私はニュー

ヨークに住んでいました。留学生として大学院を出たあと，移民局が実務経験のために1年間に限って滞在延期を認めてくれたので，私は市内のユダヤ人系の団体が運営する地域福祉センター（Educational Alliance）で働きました。このセンターは，人種を問わず地域の子どもから高齢者まで，レベルの高い多様なサービスを提供していました。私は青少年部に配属されましたが，そこに「ストリートワーカー」という職名のジョージがいました。

　ジョージは地域の公園，ドラッグストア，路上，友達の家などにたむろする非行少年たちのグループに自分から積極的に近寄っていき，いろいろ話しかけて関係を作り，困り事の相談に乗ると同時に，少年たちがグループとして楽しめる活動の実現を手伝っていました。少年たちの多くはアフリカ系アメリカ人，または，プエルトリコ出身で英語よりもスペイン語に馴染んでいる貧しい家庭の子どもで，中には父親が真夜中のシフトで働きに出かけた後，やっと自分の寝るスペースを確保できる子もいました。

　ジョージの勤務時間は不規則で，夜中でも早朝でも必要に応じて，いつでも現場に駆けつけ，少年たちの喧嘩の仲裁をしたり，怪我をしたメンバーを病院につれて行ったり，妊娠した女の子の相談に乗ったり，家庭訪問をしたり，いつもいつも飛び回っていました。

　面倒を見ていたグループのためにニューヨーク市から経済的な支援をもらい，メンバーが使える部屋を確保し，メンバーが部屋の壁を塗り直したり，家具を入れたり，自分たちの手で快適に使える居場所づくりをする活動に協力していました。少年たちに規則を守ることを約束させ，コミュニティ・センターの体育館を使えるようにしたこともありました。徐々にグループ自体の反社会性を減らすように努力し，地域に受け入れられるように支援していたのです。

　ジョージはアングロサクソン系の白人で，もとは学校の理科の先生。ソーシャルワークの専門教育は受けていませんでしたが，常に青少年部の部長でベテランのソーシャルワーカーからスーパービジョンを受けていました。ジョージと聞けば"熱心"という言葉が真っ先に浮かんできます。

　1960年代〜70年代にはこのようなストリートワーカーがニューヨークば

かりでなく，ボストン，シカゴ，ロサンジェルスなどの大都会で働いていま
した。カナダのトロントにもいました。彼らはみな，ソーシャルワークの価
値観を基盤として，当時のグループワークの原理原則に従って働いていたと
思います。それはどのようなものだったでしょうか。

　1949 年に，アメリカ・グループ・ワーカー協会（1955 年に全米ソーシャ
ルワーカー協会に合併しました）の委員会が「グループワーカーの機能に
関する定義」と題する報告書を公表しました。コノプカ（Gisela Konopka）
は，「この報告書はその後，何年もグループワークの正式な定義として通用
した」と述べており，私たちもこの定義を学校で教えられたので，その一部
を紹介しましょう<sup>(注4)</sup>。「グループワーカーの目的には，各人の能力とニー
ズに従って個人の成長を促すこと，また，いろいろな人・グループ・社会に
対して個人の適応をはかること，人びとに社会を改善する意欲をもってもら
うこと，人びとが自分の権利と能力を認識し，また，ほかの人が自分とは違
う独自の存在であることを認識できるようにするなどがある。……（中略）
グループワーカーは，自分の担当するグループが，他のグループや地域社会
とよい相互関係を保つ経験を通して責任ある市民性を養い，また，地域社会
内の文化的，宗教的，経済的，社会的諸集団間の相互理解を深めるように支
援する。さらに，自分のグループが民主的諸目標に向かって，この社会を絶
えず，向上させようとする働きに参加するよう導く。」1950 年代から 70 年
代のアメリカの大都会で活躍していたストリートワーカーたちは，この定義
にあるように，メンバーをよい市民にすることに熱心で，グループ自体も社
会に貢献できるものに変えることに懸命でした。ワーカーの多くはインテリ
で熱意をもって少年らに近づきました。少年をカウンセリング・サービスに
つなぐ場合もあり，そこでは，当時流行していた精神分析理論に基づくカウ
ンセリングを受けていたでしょう。

## 2．初期のストリート・アウトリーチ・ワークの評価

　仕事の効果はあがったのでしょうか？　2009 年に発表された『成功する
ストリート・アウトリーチ・プログラムを作り上げるために』という全米犯

罪非行協議会（National Council On Crime And Delinquency；以下 NCCD という）の報告書<sup>(注5)</sup>によれば，その頃の支援活動に関して，活動の効果測定をまったくしていなかった実践（たとえばニューヨーク市など）がありましたし，調査を行った実践でも介入の効果はさまざまで，成功したプログラムもあれば，変化がみられなかったもの，グループの結束が強くなってかえって犯罪が増えたという逆効果のところもあったようです<sup>(注6)</sup>。

NCCD 報告書はシカゴ派の犯罪社会学者ショー（Clifford R. Show）とマッケイ（Henry D. McKay）の結論，「この時代のアウトリーチワークは失敗だった」を紹介しています。二人の学者によれば，その失敗の大きな理由はワーカーとサービスを供給した組織体の双方とも，土地の文化やクライエントの文化とはかけ離れた中流社会の価値観に基づいて働いていたからだと言うのです。私はこの指摘を非常に興味深く読みました。なぜなら，元コロンビア大学のグループワーク教授，シュワルツ（William Schwartz）は，すでに 1971 年の『グループワークの実際』という本のなかで，「それまでのグループワークの考え方は，グループワーカーの大部分が働いていた伝統的な余暇サービスの考え方，つまりよいアメリカ人，よい中産階級市民への期待を反映していた」と似たような批判をしているからです<sup>(注7)</sup>。

1975 年にはマーティンソン（Robert Martinson）らの『矯正処遇の有効性』という有名な調査報告書が発表されました。この研究はこれまでアメリカの矯正施設で行われてきた 231 の処遇プログラムを調査して，「どれも役に立っていない（nothing works）」と結論づけ，この結論は矯正の世界に厳罰時代を招く原因の一つになったと言われています。この流れのなかで，明白な処遇効果を示すことができなかったストリート・アウトリーチ・プログラムは次第に表舞台から消えていきました。

## 3. ストリート・アウトリーチ・ワークの再登場

しかし，よく知られているように，1990 年代に入って，イギリスでは矯正教育にも認知行動療法理論に基づくプログラムを開始し，次第に教育効果をあげるようになったので，「何が効果を上げるか（what works）」の研究

が進められるようになりました。新しい教育法の研究と実践は先進国の間に急速に広まり，アメリカでも次第に矯正教育に認知行動療法に基づく新しいプログラムを導入するようになりました。たとえば 1993 年にはアメリカの刑務所でも行動スキルを教えるプログラムを取り入れる方針が打ち出されました[注8]。

　NCCD の報告書によれば，1990 年代の初め頃から，アメリカ各地で少年の非行集団に新しい形のストリート・アウトリーチ・プログラムを実施するようになりました。再登場の理由には効果のある教育方法が登場したこと以外に，この時代のアメリカの少年犯罪，とくに若年層の犯罪の増加があると思われます。アメリカの 1984 年から 1994 年までの統計を法務省の研究報告からみると，少年犯罪全体が増加していることがわかります[注9]。とくに13 歳と 14 歳の年齢層が他の年齢層と比べて著しく犯罪の増加を示しています。たとえば 1994 年には，この年齢層の殺人事件は人口比で 1984 年の 3.29 倍になっています。この年齢層は他の犯罪についても著しい増加を示しているので，関係者は早い時期の対応が必要だと新しい介入方法に期待したに違いありません。

### Ⅲ　新しいストリート・アウトリーチ・プログラムの事例： シカゴ・シース・ファイア（Chicago Cease Fire）

　非行や犯罪に関わる少年集団をコントロールする方策の一部としてアメリカの各地に再登場してきたストリート・アウトリーチ・プログラムをくわしく見ると，それぞれの地域でいろいろな特色や工夫がありますが，一つの例として，シカゴの実践を見てみましょう。

## 1. シース・ファイアの基本理念

　シース・ファイアの事務局はイリノイ大学の公衆衛生大学院に置かれ，暴力予防シカゴ・プロジェクト（Chicago Project for Violence Prevention；以下，シカゴ・プロジェクトという）という組織が運営しています。シース・

ファイアは 1999 年に医師のスルトキン（Gary Slutkin）が公衆衛生学の考え方で始めたと言われています[注10]。

スルトキンは，国連の世界保健機構（WHO）でアフリカの結核・エイズ・コレラなどの伝染性疾患の治療と予防にあたったことがあります。そのとき，スルトキンが予防に関して学んだのは，病気にかかった人が自分の経験を語り，どんなにその病気が恐ろしいか，どうすれば健康を取り戻すことができるかをまわりに伝えることが最大の予防効果をあげることでした。スルトキンは，この公衆衛生学の考え方が非行少年集団の暴力行為を減らすためにも有効だと考えたのです。

「自分も昔は銃で撃ち合いをする仲間だったが，まともになってみれば，銃の撃ち合いは結局，なんのトクにもならなかった。自分の行動を変えると将来が明るくなる」と経験者が若い人たちに伝えるのが一番有効だというわけで，ストリート・アウトリーチ・ワーカーの登場になりました。ストリート・アウトリーチ・ワーカーには，もとの非行少年か，もとの犯罪者で，いま立ち直っている人たちを採用しました。

## 2. シース・ファイアの目的とアウトリーチ・ワーカーの仕事内容

1) 目的：シカゴ・プロジェクトはシース・ファイアの目的をただ一つ「銃で殺し合うことを止めさせる」に絞りました。
2) シース・ファイアにおけるストリート・アウトリーチ・ワーカーの仕事：

ワーカーの仕事は以下の三つです。

①非行少年集団間の抗争に介入し，仲裁し，解決策を一緒に考える

このためにチームメンバーに暴力阻止者（violence interrupter）と呼ばれる人も加えました。この人の仕事はチームが互いの争いで危機的になり，銃などを使いそうな状況を見つけ，アウトリーチ・ワーカーと一緒にチーム間の紛争解決の仲立ちをするのです。

最初から地域の警察，学校，教会，福祉施設など，その他の組織と相談してプロジェクトを立ち上げたので，情報はいろいろなところから入ります。

たとえば，少年が怪我で病院にかつぎこまれる事件が起きたときにはすぐ病院の職員からワーカーに連絡がくるようになっています。あとさきを考えずに復讐に走る少年を止めるためです。

　危機場面で暴力阻止者と一緒に仲裁に立ちあったりして，ワーカーは事件を防ぐために働きます。

　②個々の少年の相談相手になり，生活を立て直すための支援をする

　アウトリーチ・ワーカーは少年の立ち直りのよいモデルになり，職業訓練などのサービスが必要であれば，そのサービスにつなぎます。その後も，サービス利用上，問題があれば，相談にのります。

　③地域社会に働きかける

　地域の人びとの間にどんなことがあっても，銃を使って人を傷つけたり，殺し合うことを絶対にやめる考えを広めること。そのために，地域と協力して啓発活動をすすめます。

## 3. シース・ファイアの介入効果

　果たして，シース・ファイアは成果をあげたでしょうか。2012年9月から2013年9月までのシース・ファイアの効果を検討した報告書をみつけましたので，そこから報告します[注11]。

　それによれば，シース・ファイアは2012年の9月から1年間に銃による殺人の数を10％減らすという目標を掲げ，シカゴ市から財政支援を受ける契約を結びました（契約は1年毎に結びます）。その年にストリート・アウトリーチ・ワーカーが介入する地域はシカゴ内の第3警察署と第10警察署が担当している二つの地域でした。一つの地域にワーカーは2名で，一人のワーカーが担当するケースの数は15名でした。少年の年齢は15歳〜25歳まででした。

　**介入の効果**：二つの地域を合わせると効果は以下の通りでした。
　①殺人は31％の減少。
　②銃の撃ち合いは19％の減少。

③また，シース・ファイアの目標ではなかったが，一般の暴力事件（家庭内暴力，暴行，その他）も7％の減少を見せた。

③上記の各項目の数字は，この年，シカゴ市全体の犯罪が減少傾向にあったが，その傾向を上回る有意な介入効果を示していた。

⑤また，ストリート・アウトリーチ・ワーカーの介入が始まった月から直ちにギャング間の争いの数は減り，その減少はずっと続いたことがわかった。


## IV　再登場したストリート・アウトリーチ・プログラム全般の特色

全米各地のストリート・アウトリーチ・プログラムはそれぞれの地域で特色を持っていますが，いろいろな文献から，大体，共通している項目をあげると以下の通りです。

## 1. どのような人がストリート・アウトリーチ・ワーカーとして雇用されているか

1) 少年たちの立ち直りに熱意を持ち，長時間にわたる不規則な労働時間に忍耐強く対応できる人。

2) その地域で育ち，その地域の実情にくわしく，そこの大部分の住民と同じ人種または民族の出身者であること（アフリカ系アメリカ人が多い地域なら，ワーカーもアフリカ系アメリカ人であるなど）。

3) 非行や犯罪の事情にくわしく，自分も過去には非行少年や犯罪者の一員であった人。前科があり，刑務所を経験している人であってもいいが，現在は組織から抜けて真面目に生活している人。

4) 最低高校を卒業していること。

5) 誰とでも話ができる対人スキルと記録や報告書などを書く能力とその他の事務処理能力があること。

6) 30歳くらいまでの若い人が望ましいこと。

7) 常にチームの一員として上司のスーパービジョンを受けるとともに，所

属する組織の現任訓練を受けること。

8) 現場では長時間でも一人で独立して働くことができること。

9) 仕事は地域の諸組織のチーム, とくに警察と密接に連携して行うので, よいチームワークが組める人であること。

## 2. ストリート・アウトリーチ・ワーカーの一般的仕事内容

シカゴの場合のように目的が絞られると, ワーカーの仕事内容が限定されますが, 全米各地のワーカーについてみると一般には以下のような多様な働きをしています。

1) 地域の少年たちのニーズを明確にし, チームとして包括的介入計画を立てることに貢献する。

2) 地域内のいろいろな場所に出向き, 非行の問題を持つ少年たちと接触し, 信頼されるように関係をつくる（学校と打ち合わせて, 昼休みや放課後など, 学校の中で, 特定の少年と話をする場合がある）。

3) ワーカーは少年が適切な行動を学べるモデルとなり, 必要な対人行動, たとえば, 「怒りのコントロール」

の方法を直接教え，または教えてくれるところに紹介する。

4) 少年グループが対立する他の少年グループとの紛争で危機場面になったとき，紛争の調停や仲介をする。

5) 少年の家庭を訪問し，家族の葛藤やその他の問題解決の相談に乗り，必要なサービスが受けられるように紹介する。

6) いろいろな事情で家に帰ることが適切でない家出少年（親の性的虐待など）のためにシェルターなどの住まいをみつけてあげる。

7) 矯正施設などに収容されている少年を訪問し，釈放後の相談に乗る。

8) 少年がトラブルを起こしている人たち，たとえば，家族，学校，友人や地域の人たちなどとの間を取り持ち，相互に理解を深めて和解できるように支援し，時には少年のために代弁する。

9) 少年が仕事につく準備ができるように，いろいろな現場見学や具体的な就労準備のための対人行動スキルを教えるサービスに紹介したり，履歴書の書き方を教えたり，仕事の継続に必要なライフスキルを教えるか，教えるところにつなぐ。

10) 学校の勉強のやり直しなどを目指して，さまざまな教育支援のサービスに紹介する。

11) 薬物依存の治療，その他の精神科の治療や無料の医療サービスに紹介する。

12) 地域の学校の授業などで薬物依存を予防する授業などを行う。

13) 地域のいろいろな会合で少年たちの実態を理解してもらうために教育講演に参加する。

14) 効果測定に必要なデータをきちんと残す。

## 3. ストリート・アウトリーチ・プログラムの実施に大事なこと

NCCD の報告書は，ストリート・アウトリーチ・プログラムの実施について，大事なポイントを勧告という形でまとめているので，以下に要約して報告します。

①アウトリーチ・ワーカーにとって，支援が必要な少年たちを見いだし，信頼関係を結び，開かれた会話を持つことができることが最も大事である。そのため，ワーカーは少年たちと共通性のある背景を持っていることが肝要である。

②プログラムは明確に明文化された目的と到達可能な目標を掲げること。また，実際に行う活動がこれらの目標と密接に関係していること。ワーカーの働く地域には多くのニーズが潜在しているため，つい目標と直接関係のない支援に深入りする誘惑がある。

③明確な問題分析が必要である。問題の戦略をたてる前に，いったいなぜ少年たちは非行の仲間入りをしているのか，何歳から関わり始めるのか，ワーカーは誰と組んで仕事をするのがいいのか，どんな使える社会資源が地域にはあるのか，などをしっかりアセスメントすることが必要である。

④どこまでやれればよしとするか，仕事についての見通しを持つ。実施の段階でのワーカーの役割の混乱，ワーカーの途中退職，ワーカーの訓練不足など，いろいろな問題が起き得るので，それらを見通して一貫性を保つ工夫をしておくこと。

⑤アウトリーチ・ワーカーは，自分一人で対策を抱え込まないこと。地域内の諸団体や人材と密接に連携して，個々の少年は一人ひとり違うので，個別化して支援にあたることが重要。そのためには，支援団体とよく連絡をとりあうことが欠かせない。

⑥地元警察とよい関係を保ち，適切に連絡を取り合うこと。この問題は非常にデリケートで，実際は困難な仕事である（ワーカーが，ある時期，警察を悩ませる存在だったことを知っている警察の人たちは必ずしもアウトリーチ・ワーカーに対して信頼感を持ち，協力しようという気持ちがわいてこない微妙な問題があります。警察以外でチームを組んでいる地域の支援団体のメンバーが警察の誤解を解くために警察の知らないワーカーのよい面を示す情報を伝えるなど，課題グループであるチームのあり方が問われてきます）。

# V　少年に働きかけるコミュニケーションの原則

いったいアウトリーチ・ワーカーはどうやって少年と必要な信頼関係を結んでいったのか，それを一番知りたいと思う読者は少なくないと思います。残念ながら，ケース記録を入手することはできませんでしたが，関係者の仕事を導いたに違いない原則を紹介したいと思います。

## 1.　来てもらうのではなく，生活時間を過ごしている場に出かけていく

ストリート・アウトリーチ・ワーカーは面接室で会うという通常のやり方でなく，少年が大部分の時間を過ごしている空間にこちらから出かけて行き，面接を行っています。これは広い意味でのライフスペース・インタビューの一種と呼んでも良いでしょう。どこに行けば会えるのか，よく相手の事情，土地の事情に通じていることが大事になってきます。

## 2.　非自発的クライエントを相手にするときの注意点

自分からワーカーの支援を望んでいない人に近づいていくので，働きかける相手は非自発的クライエント（involuntary client）と呼ばれる人です。このような非自発的クライエントに対するアプローチについて，心得を述べている文献を見つけました（以下，それを参考に文脈にそって，原文のクライエントを『少年』と置き換えて，わかりやすく訳してみました[注12]）。

①少年は，始めのうち，ワーカーの提案は何一つ受け入れないだろうと思っていましょう。

②少年の考え，行動にはそれなりの十分な理由があると思いましょう。

③少年を批判することは止めましょう。少年は用心深く自分を守ろうとし，自分の行動に自分なりの言い分を持っています。まずそれに耳を傾け，受け入れましょう。

④少年にとって，誰が大事な人なのか，何を一番大事だと考えているの

か，怒っているときは，何に対してなぜ怒っているのか，よく本人の考えを聞きましょう。

⑤少年が怒っているとき，ほかに何ができたのか，本人の考えをよく聞きましょう。

⑥少年が自分の状況についてどう理解しているのか，どうなれば一番いいと思っているのか，本人が望むことは何かを聞きましょう。

⑦少年が置かれた現実について質問をします。（言行不一致をすぐ指摘したり，一方的に教えたりするのではなく）たとえば「あなたの言葉通り，実行したとすれば，様子がどう変わってくると思いますか」など。

⑧変えることのできない世の中の規則については，少年に敬意を払いながらそれを伝え，すぐに，少年がそれについてどう思っているかを聞きましょう。

⑨今の状態で，少年ができると思っていること，そして喜んでやろうとしていることについて考えを聞きましょう。

⑩支援者はいつも自分を「よくわかっていない人」として位置づけ，少年が自分自身の思いを支援者に話せるように，考えながら質問しましょう。


## Ⅵ　ストリート・アウトリーチ・プログラムから学ぶこと

この章を書くにあたって，新しい形のストリート・アウトリーチ・ワーカーの働きを調べて，とても勉強になったので，私が学んだことをまとめてみました。

### 1. 新しい理論の登場とその臨床的応用

この分野にも，新しい時代にふさわしい新しい理論を導入し，それを活かした実践が行われていることに感動しました。とくに，認知行動療法理論を取り入れ，教育効果を上げていることが興味深かったです。少年たちが仕事に成功するために，現実に根ざした対人スキルを学んで仕事を得ていくよう助ける様子が目に見えます。グループを媒介として働いていても，これらの

少年を助ける目的のためには，個人支援に焦点をあてることが効果的だといううスタンスが参考になりました。

## 2. 企業の社会的貢献

　ストリート・アウトリーチ・プログラムが，非行少年対策の不可欠な一部に定着するまでには，多くの実績が必要でした。まず，開拓的な仕事をして，実績をつみ，税金を出すべき仕事だと認めてもらうまでに，全米の各地で，さまざまな民間の財団が応援した様子がよくわかりました。人権上，あるいは社会正義の観点から「現状を放ってはおけない，このままではいけない」と動いてくれ，お金を出してくれる財団がたくさんあって，実績を積み重ねてきたことがわかりました。日本でも企業の社会的責任や企業の社会貢献を尊重する文化を高める必要性を感じました。

## 3. 経験者を尊重する大切さ

　土着性の尊重，あるいは，固有の文化に馴染んでいる人，平たく言えば支援しようとする人と同じ経験をした人を尊重することの重要性を学びました。ピア（仲間）としてわかりあえる大事さですね。立ち直った人を尊重して，その人でなければできない仕事をしてもらう，その基本に人間性に対する深い信頼があるのが素晴らしいと思いました。

## 4. 専門家の貢献

　シカゴのシースファイアを発想し，プログラムを実行にまでもっていった一番の貢献者が医師であることに感銘を受けました。いろいろな対人援助職の仕事は実は根が一つであり，熱心に問題解決に乗り出す人はどの専門職であってもよく，その人とみんなが連携することこそ大事なのだと学びました。

## 5. スーパービジョンの必要性

　第一線のワーカーはつねに専門家のスーパービジョンを受けて仕事を進めています。スーパーバイザーにはいろいろな専門職の人がなれると思います

が，ソーシャルワーカーの場合には，大学院の卒業生がスーパーバイザーと
なっていることが州毎に決められた専門資格制度でライセンスをとっている
人が普通です。彼らは大学院で，教員と現場職員の指導を受けながら最低
1,300時間の実習をし，卒業して現場に出ても助言指導を受けるスーパービ
ジョンを経験しています。すでに述べましたが，日本のソーシャルワーク教
育，中でも大学院教育の改革が進められない限り，理論と実践力を持つソー
シャルワーカーを数多く確保する道は遠いという感じです。学問は日進月歩
なので，卒後教育の重要性はいうまでもないでしょう。

しかし，日本の対人支援専門職の現状がこのままではいけないと考えてい
る人はたくさんいるでしょうから，今後に期待したいと思います。

## 6. 地域で使える社会資源を増やしたい

アウトリーチ・ワーカーは自分で仕事を抱え込まないことが大事といわれ
ていますが，もし，これを日本で実施しようとすれば，地域で使える資源が
あまりにも少なすぎると思いました。もっと気軽に使える家族のためのカウ
ンセリング・サービスがほしいですし，非行を犯した少年たちがもっと気軽
に勉強をやり直したり，コミュニケーションや対人行動の練習，職業的スキ
ルを習得できる地域でのサービスが沢山ほしいです。ニューヨークの保護観
察所は民間団体と組んで，夜も多くの会合を開き，少年の対人行動練習がで
きるクラスを開いていました。なぜ，日本ではできないのでしょうか。地域
にある更生保護施設がもっと開かれた仕事ができるようになればいいと願い
ますし，地域生活定着支援センターにもっと予算をつけて人と仕事を増やし
てほしいです。関係者は，どうぞ，もっと積極的に専門家に呼びかけてくだ
さい。昔に比べると随分，社会資源が増えてきましたが，川崎で命を落とし
た13歳少年に私たちが何もできなかった無念さをエネルギーにして，もっ
と日本の社会をよくするために世界の実践から学んでいきたいと思います。

（注1）石井光太『43回の殺意：川崎中1男子生徒殺害事件の深層』双葉社，2017.
（注2）『最新社会福祉士・精神保健福祉士養成講座12　ソーシャルワークの理論と方法』中央

法規出版，2021.

（注 3） 宮口幸治『ケーキの切れない非行少年たち』新潮新書，p.8，2019.

（注 4） ジゼラ・コノプカ（前田ケイ訳『ソーシャル・グループ・ワーク：援助の過程』全国社会福祉協議会，pp.20-21，1967）

（注 5） Developing a Successful Street Outreach Program: Recommendations and Lessons Learned, National Council On Crime And Delinquency, 2009.

（注 6） 社会調査の手法がコンピュータの発達とともに現在のような厳密な効果測定が行われるようになるのは 1970 年代以降です。

（注 7） W．シュワルツと S．R．ザルバ（前田監訳／大利・津金訳『グループワークの実際』p.3，相川書房，1978）「それまで」というのは従来，ソーシャルワーク教育ではケースワーカー，グループワーカー，コミュニティ・ワーカーが別々のカリキュラムで教育されていた時代が終わり，1969 年以降ジェネラリスト（generalist）を目指してソーシャルワーカーが統一のカリキュラムで教育されるようになるまで，を指しています。

（注 8） 前田ケイ「矯正教育と更生保護事業における SST：ふりかえりと今後への提案」テオロギア・ディアコニア，ルーテル学院大学紀要，pp.44-48，2001.

（注 9） 安東美和子，松田美智子，立谷隆司「アメリカにおける少年非行の動向と少年司法制度」，法務総合研究所研究部報告，1999.

（注 10） Developing a Successful Street Outreach Program: Recommendations and Lessons Learned, National Council On Crime And Delinquency, p.46, 2009.

（注 11） D. B. Henry, S. Knoblauch, R. S. Sigurvinsdottir, The Effect of Intensive Cease Fire Intervention on Crime in Four Chicago Police Beats: Quantitative Assessment, Sept.11, 2014.

（注 12） Steven P. Segal : Authoritative Settings and Involuntary Clients, Encyclopedia of Social Work, Oxford University Press, 2013.

# 第5章

# チャレンジしてみませんか コインマップと SST

> この章ではまだ，あまり知られていないコインマップという技法と，かなり知られてきた SST という支援の方法を紹介する。実践してみる価値はあるので，ぜひ，初めての方はチャレンジを！

## I　サポート・システムのアセスメントと介入の技法：
## コインマップ

　私たちはみな，いろいろな人に支えられながら生活を送っています。その支えをサポート・システムと呼んでいいと思いますが，その人のサポート・システムは明らかに本人の生活の質に影響を与えます。自分がどのようなサポート・システムを持っているか，また，関わってくれる人びとにどのような気持ちを持っているか，それを改めて考える機会となるのが，コインマップです。

　コインマップとは，自分が生活の中で関わっている人物（時にはペットや大事な場所なども）をコインに置き換え，台紙の上に次々と置いていく方法で，できあがったものは，まるで人間関係のマップのようなので，この方法をコインマップと呼ぶことにしました。どんな人とどう関わって生活しているかを「見える化」できる技法なので，本人の人間関係に関わるアセスメントをし，これからの取り組みの計画を立てるうえで役に立ちます。もし，本人が希望

すれば，その場ですぐ，新しい目標をたてて行動を始める準備もできます。

　利用施設の職員や保護司さんなどの面接で，話を聞いたり，観察したりする範囲で把握できる利用者の情報は当然，限られたものです。本人が生活している人的環境全体が視覚的に確認され，そのマップに登場する人びとに本人自身が抱いている気持ちを教えてくれるコインマップはよい支援のために役立つので，是非使いこなせるようにチャレンジしてみましょう。

## 1. コインマップの目的

　コインマップの目的は以下の四つです。

①当事者自身が，自分はどのような人間関係のなかで生活しているのか，どのようなサポート・ネットワークを持っているかを意識すること。

②その結果，次に自分が状況の改善のために取り組む目標を決めること。

③適切であれば，支援的介入を直ちに始めること。

④定期的にコインマップを作って，自分のサポート・システムの変化をたしかめ，取り組みの成果をモニター（点検）すること。

## 2. コインマップが生まれた背景

　私はかつて機会があれば，海外のサイコドラマ・ワークショップに参加していたので，外国人の知り合いがたくさんできました。あるとき，ドイツの人から近く日本に行く用があるので，そのときに日本でサイコドラマをやっている人たちに会いたいという手紙をもらいました。幸い，そのドイツの人（残念ながら，いまでは，その人の名前を思い出せないので，以下，ドイツ人という）が東京を訪れる時に，ちょうど東京サイコドラマ研究会（現在の東京サイコドラマ協会）が合宿を予定していたので，ドイツ人にも参加してもらうことになりました。

　サイコドラマでは，自分の葛藤をドラマの方法を使って演ずる人を主役と呼び，監督と呼ばれる治療者は主役を洞察へと導き，葛藤を減らし，新しい行動の取り方に気づく支援をします。合宿では，ドイツ人にも監督をしてもらいました。ドイツ人が監督したドラマの主役は「妻との関係を改善する」

ことを希望しました。するとドイツ人は，自分のポケットからコインをいっぱい取り出して，主役に，そのコインを置きながら自分の人間関係を示すこと，続いて妻の人間関係もコインを置いて作ってみるように言いました。夫は自分になるコインを 500 円にし，説明しながら，その他のコインもフロアーにいっぱい置いたので，彼がいろいろな社会関係を持ち充実した生活を送っている様子がわかりました。一方，妻のコインは 100 円で（妻はその場にいなかったので，あくまでも夫の想像する妻の世界でしたが）夫の世界にくらべると人間関係が少なく，淋しい感じが伝わってきました。監督はこのウォーミングアップから，続いてサイコドラマに入って行きました。

　さて。私はドイツ人が見せてくれたコインで人間関係を見える化する技法に大きな可能性を感じました。その後，私は，自分が実践している福祉サービスの仕事や学生の教育にこの技法を応用し始め，やがて，これを「コインマップ」と命名して，対人支援を行っている人たちにもやり方を伝えました。現在，コインマップは更生保護の目的で個人面接を行っている保護司さんの研修でも教えられているので，少し知られてきました。コインマップについては私自身の本，『基本から学ぶ SST』や『生きる力をつける支援の為に：保護司面接のための SST マニュアル（DVD つき）』に紹介しています[注1][注2]。しかし，コインマップを続けていくなかで，いまでは，部分的に，これまでのやり方を改善し，新しい工夫も加えてきたので，この本では，バージョンアップしたコインマップのやり方を紹介します。

## 3.　コインマップ実施の時期

　利用者が利用施設に，ある程度馴染み始め，職員とも良い関係が育ってきて次のプログラム活動や取り組みを具体的に一緒に考えたいと思っているときがコインマップ実施に適しています。また，3 カ月後，半年後など定期的に利用者と一緒に行うコインマップの結果を写真にとったものを眺め，変化をモニタリングするためにも役立ちます。とくにコインマップに親和性があるのは，利用者が認知行動療法に基づく SST のプログラムに参加しているときで，具体的な対人目標や練習課題を導き出すのにとても有効です。

## 4. コインマップの準備作業

### 1) コインを用意する

いろいろな種類のコインをたくさん用意します。とくに穴があいている5円や50円，また500円もたくさん用意しましょう。外国のコインもあれば入れます。同じコインでも光っているコイン，さびているコインなど，いろいろと用意しましょう。利用者は同じ価値のコインでも，その状態のコインにさまざまな意味を持たせて使うので，いろいろな状態のコインがあるとわかりやすい結果が期待できます。

### 2) 台紙を用意する

①コインを置くための台紙を用意します。私はA4サイズの白い紙を使っています。自分の生活する世界には限界があるので，台紙を使うと紙全体が自分の世界で，そのなかで紙の上下や紙の端などに特別の意味を持たせる人が多いです。台紙は3〜4枚用意しておきます。最初は1枚だけ置いて始めますが，途中で，足りなくなれば追加し，自分の過去や未来の人間関係も見てみたいという希望があれば，3枚の紙に過去，現在，未来のマップを作ってみることもできます。いまの現実とは違う自分の理想と思う自分のマップを別の紙に作ってみることもできるでしょう。

また，家族のなかの自分，友人のなかの自分，職場の自分など，生活領域に分けて，それぞれのマップを作ることもできます。自分を表すコインの価値が生活領域によって，違ってくる場合もあります（113頁の〈生活領域別のマップを作って良かった例〉をお読みください）。最初は1枚の台紙で始め，本人の人間関係が豊かだとわかった時点で「生活領域別に紙を置いてみることもできるけれど……」と提案するのがよいでしょう。

### 3) テーブルを用意する

コインを置くテーブルなどを用意します。支援者と二人で一緒にマップを眺めることができる位置を選んで座ってもらいます。利用者と支援者が45

度に向き合う位置に座ると一番良いように思えます。

## 5. コインマップを開始する

### 1) 利用者に目的を説明し実行を動機づける

　支援者：「人はみな，　毎日いろいろな人と関わりながら生活しています。自分がどんな人とどう関わって生活しているかがわかるように，コインを紙の上に置いてみるコインマップという方法があります。自分が置いたコインを見ながら，自分はどういう人たちとどんな関係を持って生活しているのかを一目で確かめることができます。途中で止めることもできるので，どうですか，やってみますか？」などと導入します。

　このあと，本人のフィードバックをもらいます。本人が自分のマップを作ることに同意したら，台紙を置き，本人が取りやすい場所にすべてのコインを取り出して机の端にかためて置きます。

### 2) コインマップのやり方を説明する

　①進め方のルールを説明する

　支援者：「進め方は私が説明しますので，　それに従って下さい。質問はいつでも自由にしてくださいね」「言いたくないことは言わなくてもいいので，私の質問をパスしたいときには，気軽にパス，と言って下さい」

　「私はできるだけ，　静かに見ていますので，　私があまり話さなくとも気にしないでください」などと説明します。

　②台紙の説明をする

　支援者：「この紙全体があなたの住んでいる世界を表すと考えます。大きさが足りなくなったら，紙を追加して世界を広げることもできますから，まず，これで始めて見ましょう」

### 3) コインマップを作る

　①自分を表すコインを選んで置く

　支援者：「まず，　自分を表すコインを選んで，　それをあなたの置きたい所

に置いて下さい」

解説：紙のどこにどのコインを置くかはそれ自体に意味があるので，自分の
コインを「紙の真ん中に置く」というのではなく「あなたの置きたいところに」
というのが大事です。実際に紙の左の一番隅っこに自分のコインを置いた人
がいます（注：その人は次に自分を取り囲むように，デイケアの職員をあらわ
すコインを3枚置きました。その職員に護られている感じで，次に置いた本人
の母親とおばさんはとても遠くでした。お父さんと弟さんはさらに遠くにおか
れました。後は，今のところ，関係のある人は誰もいないとのことでした）。

置き場所に迷っている人には「コインの位置はいつでも自由に変えること
ができますから，まずためしに置きたいところに置いてみて下さい」と説明
します。やりながら修正していけばいいのです。また，「コインは何枚か重
ねて置いても良いし，違う種類のコインを混ぜて置いてもいいですよ。自由
に感じるままに選んで置いてみて下さい。何度，訂正してもいいですよ」と
ゆっくり伝えます。

②自分の生活に関わりのある人たちを自由に置いてもらう

支援者：「それでは，どのような人と関わって生活しているかがわかるよう
にこれは誰，と言いながらその人たちになるコインを置いていって下さいね」
「人でなくても大事なペットとか，ほとんど，自分の生活の一部になっている
大事な場所とか景色なども置きたければ，置いて下さって良いですよ」

利用者がいま一緒に生活している家族とは別に，離れて住んでいる親・兄
弟などを表すコインを置く場合には次のように言います。「離れて住んでい
ても気持ちが近ければ，あなたの近くに置いて下さいね」これらの人たちを
思い出すことによって，当事者が兄弟の子どもに対して「おじさん」や「お
ばさん」という役割を持っていることを改めて意識したりします。「もし，
もう地上にはいらっしゃらないけれど，大事な方がいて，その方を今も近く
に感じるのなら，その方のコインを置いて下さってもいいですよ」と言葉を
添えます。「だんだん，ほかのコインを置いていったら，前に置いたコイン
の位置を途中から変えたくなるかもしれませんから，その時点で自由に動か
して下さいね」と言いましょう。

　コインは価値を持つので，本人が誰を表すのに，どのようなコインを選ぶか，誰かになるコインがどんな順番で登場してくるか，本人や他の人のコインが，それぞれ，互いにどのような距離に置かれるのか，コインを選び，置くときに，利用者はどんなことをその人について言うか，などを注意深く聞いています。それらはアセスメントを組み立てる重要な情報だからです。ただ，簡単な結論づけは避けましょう。支援者自身の感想を言うのはできる限り控えます。

　家族のコインを選び，置く場所を決めるのに迷う人がいますが，自分の本当の気持ちに自分自身が向き合う準備がまだないのかもしれません。考えているうちに，突然具体的な不快な記憶が浮かんできたのかもしれません。途中で止めた方が良いと感じたら，すぐ「今日はここまでにしておきますか？」と聞いて下さい。

　人間の気持ちは基本的にアンビバレント（両価的）なものです。ある人に対して，好きな気持ちがある一方，嫌いな気持ちもあるものです。「どちらかというと」と「いまの気持ち」に仮の結論を出して置くのもよし，「好きなときはココ」で「いやだと思うときはココ」と同じ人のコインに2カ所の置き場所を確保しておくことも自由です。

　利用者が何も話したくなければ，それはそれでいいので，自然にまかせます。ただ，台紙に置くコインが誰を表すものであるかは支援者にわかるように必ず説明してもらいます。

③まだ登場していない人について質問する

　支援者が本人の生活をある程度知っている場合，本人が当然，関係を持っているはずなのに，まだマップに現れていない人たちがいることに気づくときがあります。その場合，たとえばこう言います。

　支援者：「あなたの主治医はこのデイケアの担当医とは違いますよね。主治医の先生は，ここに登場しませんか？」など。近所の人たち，親戚のおばさん，学校時代の友人，買い物に行く店の人，その他，本人が忘れているかもしれない場合には「他に誰かいませんか？　たとえば高校時代の友人などは？」という質問は助けになります。「そういえばメル友がいる」など新し

い人が登場したことがありましたから。自分の親を支援してくれる親戚や友人の存在，そしてその人たちが自分の支えにもなっていることに本人が改めて気づく場合があります。

休職中でリワーク・サービスの利用者には，「いま休職中のあなたと会社との関係はどうでしょうか。誰かと連絡を取ったりしていますか？」など，質問できます。信仰を持っている人には教会の関係者や同信の友人などでマップに置きたい人はいないかを聞きます。

④全体を眺めて修正したい部分はないかを聞く

大体，出来上がってきた感じになったら，利用者に「全体を眺めて見て，修正したいところはないですか？　まだ，登場していない人，大事な物や場所はありませんか？」などと質問して，もう一度，自分の作ったマップを見てもらいます。

⑤自分が作ったコインマップについて利用者自身の感想を聞く

⑥支援者：「完成しましたね。どうですか？　眺めて見てどう思いますか？」「ご自分のマップについての感想を伺っていいですか？」などゆっくり聞いてみましょう。当事者の作った世界を尊重することが大事なので，軽率に解釈したり，すぐ助言することはやめましょう。利用者から支援者の感想を求められたら，本人の役に立つと思われる肯定的な面についてのみ率直に伝えます。

⑦完成したコインマップの写真を記録用に撮る

完成したマップを記録に残し，いつか一緒にもう一度見るために，写真に撮っておくことを提案します。「必要に応じて，またいつか，このマップを見て話し合うことができるので，写真に撮っておきたいのですが，どうですか？」と提案し，同意を得たら写真に撮ります。写真は本人のケース記録にファイルします。

## 6. コインマップを見て，改善したい人間関係はないか，当事者の希望を聞き，必要があれば希望の実行を支援する

支援者：「このマップを見て，もしできればここがこう変われば良いなと

思うところはありますか？」と聞いてみます。その結果，自分のコインをいつかもっと大きな価値のコインに変えたいとか，母親と父親相互の距離が縮まれば良いと願うとか，自分がもっと家族から離れたいとか，もっと友人を増やしたいなど，さまざまな希望が語られるかもしれません。当事者の現状改善に対する気持ちが複雑であれば，また別の機会に面接して，ゆっくり一緒に考えることも提案できるでしょう。私のこれまでの経験では，自分の作ったコインマップを見て，ほとんどの人が何らかの新しい目標を決めました。とくに若い人はゲーム感覚でコインを動かしながら，支援者の顔を見ないまま，日頃口にしない自分の悩みや希望を話し出すことがあります。コインマップは支援者との関係を深め，自分の気持ちを話せるようにする，いい技法だと思っています。

　もし，本人が母親との距離を縮めたいという発言をしたとします。時間があれば，「あなたの希望を取り入れて，今日うちに帰ってから，いままでとは違う行動をとりたいと思うことは何かありますか？」などと聞いてみるのが，コインマップから続く支援的介入の例です。利用者が新しい行動を思いつかなければ「お母さんに電話して，『帰りにスーパーに寄れるけど，なにか買い物ある？』と聞いてみるのはどうですか」などと提案できます。必要ならばこの章の後半で説明している SST の行動リハーサルをやってみます。

## 7. 新しい目標のために段階別行動計画を立て，着手する

　コインマップの作業の続きとして実際の例を話します。A さんは職場復帰を長期目標にしてリワーク・プログラムに参加しています。長期目標は職場復帰，短期目標の一つは職場で親しかった人との人間関係の維持です。しかし，A さんはいつもうつ気分で，職場でよく自分を心配してくれた T さんに全然連絡をとっていませんでした。コインマップを作ってみて，自分には T さんがとても大事な存在だと改めて理解できたので，A さんは支援者と相談し，まず T さんに短いメールを出してみることにしました。目的は T さんとの関係を自分が大事に思っていることを伝え，その関係を維持するためです。そのためのメッセージを支援者と項目別に整理してみました。a.

相手の安否を問う（お変わりありませんか），b．自分のことを伝える（おかげでだんだん健康を回復しています），c．自分の気持ちを伝える，（また，一緒に働ける日を楽しみにしています）など。いくつかの文章を書いてみて，一番自分が言いたいことを表す文章を作り，メールを送ることができました。ポイントは相手の負担にならないように短く書くことでした。Aさんは自分一人ではできなかったことを支援者が助けてくれたので喜んでいます。コインマップから刺激されて生まれてくる，さまざまな利用者のサポート・ネットワーク作りまたはネットワーク維持のための支援は一緒に工夫することによって可能になります。

## 8. 私の経験から

　長い間コインマップをやってきたので，いろいろな事例があります。その中のいくつかを紹介します。

### 1）台紙を使って良かった例

【事例A】Zさんはデイケアの利用者です。父親との関係があまり良くありません。父親になるコイン10円を紙の上部，いちばん右端の高いところに置いて言いました。「父親だから捨てるわけにいかない。ここがいい」

### 2）いろいろな種類のコインがあって良かった例

【事例B】デイケアからまもなく卒業して，就労移行支援事業所の利用者になることが決まっているYさんです。将来的には，高齢者施設に就労を希望して準備を進めています。Yさんは「やっと，自分の希望が見えてきたので，この光っている100円にします」とピカピカのコインを自分に選びました。

【事例C】デイケア利用者で一人息子を単身で育てている母親のYさんは自分のコイン（10円）の上に子どもの50円コインを置き，「私はやっと，この穴から呼吸をして生きているので」と言いました。

【事例D】Uさんは就労移行事業所の利用者です。お父さんを表すコインに

まず外国のコインを選んで，しばらく考えて，その上に半分ずらして 100 円を載せました。「おやじはオレのこと，心配はしてくれるんだけど，あまり話をしないので，本心がよくわからない。だから，わけのわからない外国コインが良いと思って」という説明でした。

【事例 E】保護観察所の依頼で薬物事犯の当事者 T さんを受け入れているクリニックの例です。本人は自分を 500 円のコインにしました。「本当のオレは 5 円だけれど，もう二度とクスリ（注：違法薬物）には手を出さない決心をしているオレを 500 円にしたい。頑張れよと自分を応援してるんだ」そうだね，T さん。頑張ろう！

### 3）コインを重ねることで良かった例

【事例 F】保護観察に付された女子中学生の例です。私と面接をしてコインマップをやりました。つきあっているボーイフレンドがいるので，その人を表すのに 100 円のコインをタワーのように積み上げて自分の隣に置きました。そして，その反対側にボーイフレンドのコインにぴったりくっつけて 1 円のコインを置いて言ったのです。「でも，彼にはいつも見張っているお母さんがいるの」と。とてもわかりやすいマップですね。

### 4）「人」以外に「場所」のコインを置いて良かった例

【事例 G】S さんは精神障害者手帳を持つ本好きの真面目な青年で，属している自助グループでは，講師を招き SST で対人行動スキルを学んでいます。数年前から就労継続支援事業所 A 型で働いています。S さんは毎朝事業所に行く前に，必ずバス停を降りた近くにあるマクドナルドでコーヒーを飲むことにしているので，そこは自分の生活の一部になっている大事な場所だそうです。それは SST の講師が初めて聞く話でした。その場所を表すのに 100 円を置きました。そのマクドナルドには，毎朝必ず会う高齢の人たちがおり，その人たちはよく本の話をしているので，時々 S さんも仲間入りしたいなと思うこともあるそうです。S さんは支援者と相談して，まず手始めに，その人たちに「お早うございます」と自分から声

をかけてみる SST の練習課題がきまりました。

【事例 H】R さんは就労継続支援事業所 B 型を利用して仕事に励んでいます。コインマップで自分の大事な場所として毎月 1 回は行く街中の温泉をあげて，500 円を置きました。温泉では誰とも口をきかないけれど，そこでは，気分がゆっくりして不愉快な「正体不明の声」（幻聴など）も聞こえないから，自分にはかけがいのない場所だと教えてくれました。R さんはその温泉のことを主治医にも話したことはないとのことでした。今度主治医に，ちょっと一言その温泉のことを話してみるのも，いい SST の練習課題になりますね。それは主治医が R さんの地域生活の広がりを理解できる，いい情報になることでしょう。

## 5）生活領域別のマップを作って良かった例

【事例 I】このマップは一人の人間の作った三つで，三つ揃ってみられる必要があります。同じ人間でも所属するグループの中での自分の価値が違うことを示すものです。O さんは精神疾患を経験している青年で，NPO 団体が主催している月 1 回の SST グループに参加しています。今日はコインマップを作って，自分の人間関係を考えて見ることになりました。支援者はマップ作りを始めて間もなく，O さんが多くの人間関係を持っていることがわかったので，途中から自分の生活領域別にそれぞれのマップを作ることを提案しました。O さんは，家族の領域には両親と離れて住む祖母や伯父，伯母やいとこ，甥，姪などを登場させ，みんな優しくて思いやりにあふれているので，全員 500 円にし，自分はそのなかで 10 円でした。ところが彼には同じ病気の仲間がいて，毎月集まって自由に話し合い励まし合っているので，その仲間集団では自分も他の人たちもみな 100 円でした。最後に作ったのは職場です。数週間前に彼は利用していた就労移行支援施設の紹介で，障害者の枠組みを利用して P 会社に就職できました。みんなが親切にしてくれるので，楽しく働ける場所だと感じており，自分はその会社では 1 円，同僚は 10 円，課長は 100 円，部長は 500 円でした。O さんの希望は自分の 1 円を早く 10 円，50 円，100 円にあげていきたい

## 家族や親戚の中の自分

## 同じ病気の仲間といる自分

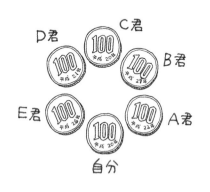

## 職場の自分

事例Ⅰの三つのマップ

とのことでした。Oさんは支援者と相談して、いまの長期目標は就職先で必要な人間になること、短期目標は与えられた仕事を毎日こなすこと、当面の課題は同僚と雑談できるような人間関係を育てることになりました。

## 6）コインマップによって新しいことにチャレンジするようになった良い例

**【事例J】** 就労継続支援A型事業所に通所しているM君はマップを作っているうちに、遠くに住んでいてあまり日常的には接していない姉が母親ととても関係が近いと考え、姉一家を母のそばに置きました。義兄、二人の子どもたちも置かれました。お正月には今年も必ず年始にくるので自分も会うだろうと言いました。お正月には訪ねてきた二人の子どもに「叔父さん」として接することになります。M君は、いまでは事業所から毎月賃金をもらっているので、自分の甥や姪には初めて「お年玉」をあげることができそうです。「そうだ、自分は叔父さんなんだから」と新しい役割を意識でき、甥や姪にお年玉をあげるお正月の目標もできました。

**【事例K】** 軽度の知的障害を持つSさんは刑務所から社会に戻りました。地域生活定着支援センターの熱心な職員のおかげでグループホームに入ることができました。保護司さんとの面接でコインマップを作ってみました。Sさんのいまの生活で置かれたコインは500円の保護司さんと10円の自分だけです。まだ、グループホームには親しい人ができていないことがわかりました。しかし、3カ月先に、Sさんは母親と弟のいる故郷に帰りたいとのことです。いまの台紙に母も弟も置かれていない理由を聞くと、Sさんは「まだ、自分が社会に戻ったことを家族に知らせていないから」と言いました。

　保護司さんはもし、家族のいる町に帰りたいのならば、まず家族に手紙を出して見るのはどうだろうかと提案しました。Sさんは自分もそれが良いと思うけれど、長い間字を書いていないので、「手紙といっても何をどう書いたらいいのか、わからない」と言うのです。そこで保護司さんとSさんは手紙の書き方を一緒に考えることにしました。

　まず、手紙に書きたい項目を思いつくままに一つひとつポストイットに

書いて，テーブルに自由に貼りつけました。それらは，①社会に戻ってきたこと，②お母さんと弟はそれぞれ元気でいるか心配だ，③自分はいまT市にいる，④自分は元気だ，⑤3カ月先には顔を見に故郷に帰りたい，⑥真面目に働きたい，⑦ぜひ，返事がほしい，⑧二人に迷惑をかけてすまなかった，です。それを手紙に書くのなら，どういう順番で思いを伝えるのがいいのか，どう書いたらいいのか，二人で相談してポストイットを並べ変えてみました。Sさんが最初に選んだポストイットは「迷惑をかけてすまなかった」です。心から謝りたいからだそうです。

　保護司さんは，Sさんに紙を渡し，ポストイットを眺めながら手紙の下書きを書いてもらいました。本人がわからない字は電子辞書を引いて一緒に確かめました。短いけれど，本人の気持ちに添った手紙の下書きができました。Sさんは便せんと封筒を持っていません。保護司さんは近くの郵便局に売っている「郵便書簡」を使って手紙を書くことを提案しました。これならば便せんと封筒が一緒になっており，封書の切手代金と同じで済みます。保護司さんは郵便局に同行してあげることを申し出ました。実はSさんには郵便局はほとんど未知の世界です。保護司さんの細かい心配りが素晴らしいですね。コインマップの技法にアセスメントと介入を活かした見事な例だと思います。

## 9. コインマップをグループでやるとき

コインマップはもちろんグループ単位でもできます。プライバシーの問題があるので，お互いに信頼し合っている仲間のグループで行うことが前提です。終わったあとに，自分自身の生活や周りの人たちに対する気持ちを理解してもらい，ますます，グループへの親近感と信頼感情を増すことが期待される時に実行してください。自分の気持ちを正直に表現する他のメンバーに刺激され，始めは兄弟との関係を自分とみな同距離に置いた人が，「やり直してもいいですか？」と，初めて自分の本当の気持ちに向き合うことができた例もあります。人の関係と気持ちは流動的です。そのため，当事者と一緒に時間をおいて，またやってみることに意味があります。

## Ⅱ　SST を使いこなすようチャレンジしてみませんか

## 1. SST とは

　SST（社会生活スキルトレーニング；social skills training）とは認知行動療法理論に基づく支援の方法です。

　私の定義です。「SST とは当事者が支援者のコーチを受けながら，対人状況に関わる自分の認知と行動のとり方を改善するために練習を繰り返して，学習していく方法のことである。」

　教育の分野では SST でなく「ソーシャル・スキル教育；social skills education/SSE」と呼ぶ人も多いようです。日本語では複数・単数にこだわりませんので，スキルトレーニングという翻訳でもいいと思いますが，私自身は社会的スキルズという複数を用いたいと思っています。その理由はどんなに簡単にみえる行動でも沢山の細かいスキルから成り立ち，一人の行動練習のなかにも複数のスキルが含まれているので，それらを意識してスキルズと複数にしておくことに意味があると思うからです。これについては後でも説明します。

　SST はいろいろな調査研究によって，効果がある，つまりエビデンスがある方法として知られています。『認知行動 SST─統合失調症者支援のための臨床実践ガイド』という本のなかには，この分野でのいろいろな実証研究についての解説を読むことができます(注3)。

　もちろん SST は，本当に指導力のある支援者が行うかどうかによって，効果は大きく違ってきますので，SST 普及協会は協会認定の SST 認定講師制度を設けています。これはけっこう難しい手続きを経なければ取得できない資格なので，2021 年 5 月現在で全国に 129 名しか認定講師はいません。SST 普及協会は認定講師が行う初級や中級の研修を全国各地で受けることができるようにしています（SST 普及協会のホームページで認定講師の一覧表や資格取得の手続きを見ることができます）。

　エビデンスがある方法だと言われても，SSTをやっていない現場のほう
がやっているところよりも多いのが実態だと思います。本当に残念なこと
です。1988年から今まで，いろいろなところでSSTをやり続けてきた私は
「SSTが役に立った」という当事者の声をどれほど多く聞いてきたでしょう
か。「小さな練習を続けているうちに，私の人生は大きく変わりました」と
いう当事者の言葉は私の宝ものです。私と同じく30年以上も「就労支援」
を行ってきた北岡祐子さんは『仕事だいじょうぶの本』のなかに「利用者さ
んにアンケート調査をすると働くことにもっとも役に立ったプログラムに
ついて，つねに断トツ1位なのがSSTなのです」と書いておられます<sup>(注4)</sup>。
まだ，SSTに馴染みがない方は，ぜひチャレンジすることをお勧めします。
とてもやり甲斐があることでしょう。

　SSTの構造にはいろいろあります。SSTは個人を対象にもできますし，
家族を対象にもできます。グループSSTは普通に見られます。利用者の変
化を待って最初は個人SST（ひとりSST）から，それからグループSSTの
見学，そして，グループSSTへの参加に進むこともありますし，個人，家
族，グループSSTを組み合わせて行うこともできます。家族の会で親たち
のグループSSTができますし，親が一人，支援者が一人か複数で「親の個
人SST」もできます。家庭訪問の時に，同じ家族だけがメンバーである家
族SSTもできます。工夫してみましょう。

## 2. SSTで使われる主要なアプローチ

　SSTでよく用いる四つの主要なアプローチ：①行動リハーサル，②現実
場面での援助つき練習，③問題解決法，④認知再構成法を簡単に説明します。

### 1) 行動リハーサル（behavioral rehearsal）

　「人間関係はあいさつから」などと言われますが，たとえば「オス！」と
言わないで「お早うございます」と言ったほうがよい相手だ，と挨拶したい
相手との関係を適切に認知するスキルが必要です。「お早うございます」を
言うとしても，適当な声の大きさで言う，相手と適切な距離をとる，明るい

声を出す，笑顔で言う，軽く頭を下げるなど，たくさんの小さな単位のスキルが必要です。英語で skills training といつも複数で言うのも理解できます。ある人のデイケアでの長期目標が「デイケアに休まず通って活動に参加する」であれば，3カ月先の短期目標は「友達を作る」，当面の目標は「自分から人に挨拶する」ということになるかもしれません。そうすると今日のSST の練習は「笑顔で相手に挨拶する」ことかもしれません。こんな簡単に思える行動も，笑顔をつくる，頭を軽くさげる，という複数の非言語的なコミュニケーション・スキルズと明るく，相手に聞こえる大きさの声を出す周辺言語的（para linguistic）なスキル（注：近言語的ともいう発言の形式的属性のことで，声の高さや速度など）と「お早うございます」という言語的コミュニケーション・スキルが必要です。もっと学習できるかもしれない人には，挨拶したい人の名前を呼んで「○○さん，お早うございます」ということを練習してもらうこともできます。このような複数のスキルズから，今自分に必要で，学習可能なスキルのいくつかを選び，これをロールプレイで練習して，本人がすでに持っているスキルをさらに向上させ，これから先に自分が実際に経験する対人状況で実行できるように練習して備えるのが，SST のセッションで最も多く行われている行動リハーサルです。このため，行動リハーサルを適切に行うには行動分析が欠かせません。

支援者が行う行動リハーサルの順序は以下の通りです。

①利用者と相談して練習課題を決める

支援者は利用者が自分の現実の生活のなかで，いつ，誰に，どこで，どのような行動をとる練習をしたいのかを明確にきめることができるように助けます。これが「練習課題（または標的行動）」の選択です。

**練習課題の例**：精神科デイケア利用者の男性 A さんは同じデイケア・メンバー B さんに話しかけて，「サッカーが好きかどうか」を聞いてみる練習を希望しました。支援者は「その質問ができたらどんないいことがありますか？」と質問します。「サッカーの話ができる友達が見つかって楽しいから」と A さん。適切な認知を示すいい答えですね。そこで「B さんに話しかけてサッカーが好きかどうかを聞いてみる」という練習課題が決まりました。

②練習のために模擬場面を作る

　支援者は，その行動をとる場面はどこなのかを聞いて，一緒に模擬場面を作ります。あらゆるコミュニケーションには適切な時と場所がありますので，本人が希望する行動の場面が必ずしも最適でないかもしれない時には，支援者は理由を説明して，本人が納得すれば別な場所を選んでもらうこともあります。

　**場面を作る例**：A さんは昼ご飯を食べ終えて，B さんが休んでいる時に話したいと言って，デイケアのみんなが昼食後にいるホールを選びました。自然でいい場所です。次に A さんの相手役 B さんになってくれる人を決めますが，B さんになる人は，まず A さん自身にいま集まっているグループ・メンバーのなかから選んでもらいます。A さんが安心して練習できる人に相手役になってもらうのが大事だからです。A さんが C さんを選んだので，C さんは自分の椅子から立ち上がって，昼食を食べ終えて大きな丸テーブルに座っている B さん役になって座り直しました。

③モデリングを見る

　利用者が参考にしたい行動，お手本にしたい行動を実際に見せて学習してもらうことをモデリングといいます。時には複数のモデルを見て，自分が一番気に入ったやり方を選ぶこともあります。

　**モデリングの例**：支援者は A さんに自分の望む行動の「お手本」（モデル）を見たいか，どうかを尋ねます。A さんは見たいと答えました。なかには，モデリングはいらない，自分がとにかくやってみると希望する人がいます。もちろん，本人の意思を尊重します。

　A さんのためにもう一人のスタッフで，コリーダー役の Y さんがロールプレイの技法を使ってモデリングを見せます。以下がそのモデルの会話です。

　A さん（実際は Y さん）は B さんのところに近づいて「B さん，ちょっとお話ししていいですか？」（B さんが自分の顔を見るまで待つ）B さんが自分の方を見たら，隣の椅子に座って，「僕はサッカーが好きなんですが，B さんはサッカーが好きですか？」と話しかけました。

　このモデルの行動は，①話しかけていいかどうかを相手に聞く，②自分は

サッカーが好きだという自己開示をする，③それから相手にサッカーが好きか，を聞くという三つの段階からなっています。ともするとこれを説明したくなりますが，モデルを見た記憶が本人にはっきりしている間に早速，練習してもらい，説明は後に回します。モデリングが終わったらすぐ，以下のように言います。支援者「参考になりましたか？」とＡさんに聞く。Ａさん「はい，参考になりました」支援者「それでは早速やってみましょう」

④１回目の練習をする

この練習もロールプレイの技法を使って行います。

**練習の例**：Ａさん「Ｂさん，自分はサッカーが好きなんですが，Ｂさんはサッカーが好きですか？」Ｂさん「ええ，好きです」Ａさん「ああ，よかった。好きなチームはどこですか？」Ｂさん「やっぱり，地元のベガルタ仙台を応援してしまいますよね」Ａさん「僕もベガルタを応援していますが，もう少し，頑張ってほしいですよね」

⑤いまの練習でまず，よかったところをみんなでＡさんに伝える（正のフィードバック）

**正のフィードバックの例**：「Ｂさんに笑顔で話しかけた」，「相手の返事のあとすぐ，自分の気持ちを伝えたところ」「相手に聞こえる声の大きさで言った」「会話がキャッチボールになっていた」など，グループメンバーそれぞれがＡさんの顔を見て伝えます。

⑥さらに良くするところを考える。（修正点または改善点）

支援者は「こうするともっと良くなるという点はありますか？」とＡさんも含めて全員に聞きます。「悪かったところ」とは言いません。改善点は当事者の能力を考えて，大事な点を一つか二つに絞ります。

**修正のフィードバックの例**：ほかのメンバーが言わないときは，リーダーから提案してもいいです。「Ｂさんに〈今，ちょっと話しても良いか〉と，Ｂさんの都合を聞くともっとよくなるでしょう」と言うなど。実際はモデルがやった行動ですが，モデルを見ても忘れてしまうことがよくあります。

⑦改善点を取り入れて，もう一度練習をする

本人が提案に納得すれば，取り入れたいところだけを取り入れて，再度練

習する。

⑧よくなったところを本人に伝える

**改善点のフィードバックの例**：メンバーが A さんのよくなったところを A さんに伝えます。もし，改善点が一つだけのときには「前よりずっと良くなったと思う方は？」と支援者が質問し，全員が挙手して終わるときもありますし，自信がない人には「良くなったと思って手を挙げている人の数を数えてみましょう」などと実際に数えてもらうこともあります。

⑨必要ならば，バックアップ・スキルを教える：相手の返事がこちらの思った通りに返ってこない，などの場合を予想して，あらかじめ，その場合の対処法を教えておくのが「バックアップ・スキルを教える」という技法です。

**バックアップ・スキルを教える例**：A さんの練習の問題点は，果たして B さんがサッカーを好きかどうかがわからないことです。もし，「サッカーは興味ないね」と言われたときには，「そうですか。B さんは何か好きなスポーツがありますか？」と聞けるといいですね。その場面をあらかじめ練習しておきます。これがバックアップ・スキルです。ここまで練習しておくと安心ですね。相手の学習能力によっては教え過ぎないことが大事なので，バックアップ・スキルを教えないときもあります。

⑩実際の場面でやってみるチャレンジ課題（宿題）を本人がきめる

練習した行動を実際の場で実行することが大事ですので，これを宿題という形で持って帰り，現実の場で実行してみて，次回のその結果を報告してもらいます。先生が生徒に与える宿題というイメージを避けて，チャレンジ課題と呼ぶのもいいと思いますが，この呼び方は 30 年以上も前に東京都下にある「井之頭病院」で働くソーシャルワーカーたちの実践から始まったものです。

宿題実行のためには宿題カードを作って渡せるといいでしょう。宿題カードについては私の『基本から学ぶ SST』に紹介しています（前田ケイ『基本から学ぶ SST』星和書店，p.215，2013）。

**チャレンジ課題の例**：支援者「良い練習ができたので，いつ，実行してみますか？」A さん「来週の月曜日に質問してみます」支援者「では，A さん，頑張ってね」自信がない利用者には，「A さんの宿題報告が楽しみな人は？」

と聞いて多くのグループ・メンバーの応援を確認して宿題実行に動機づけるときもあります。

⑪本人が宿題（チャレンジ課題）を実行してみて，その結果を支援者やグループに報告する。必要ならば次の練習課題を一緒に考える。

練習はあくまでも模擬場面なので，実際の場でできることが大事です。宿題という形で現実の場で実行してもらい，その結果の報告を聞きます。できた時には一緒に喜び，できなくともやろうとしたことを喜び，再度実行できるように一緒に工夫します。できた場合には本人と相談し，次の課題として，もっと友人を増やしたいのなら，サッカー以外の話題，たとえば好きな音楽，ゲーム，漫画本，食べ物などの話題で別の人に話しかける練習もできるでしょうし，Bさんと少し長めに話をする練習「話のキャッチボールを長めに続ける」練習も良いと思います。

行動リハーサルはさまざまな目的で相手を自由に選んで練習できます。医師とのコミュニケーションを良くする，家族関係を改善する，隣近所の人と世間話をする，福祉関係の人に自分の希望を伝える，ハローワークの人と話すなどです。ほかのメンバーがいろいろな人を相手に，いろいろな行動を練習する様子を見て，自分の練習したいことや自分の目標を変える人は少なくありません。グループの力が生きてくる場です。

## 2) 現実場面での支援付き練習（in vivo practice）

行動リハーサルは，施設の中だけで練習を行うものと思っていませんか。部屋の中ではうまく習得できないバスに乗る練習などは，実際にバスに乗ってスキルを学習します。バスに乗ってお金を払う，すいている席に座る，バスの中では静かにしている，降りたいときには手前で合図のボタンを押す動作などは，一つひとつ支援者の真似をして現場で学習するほうがずっと早く必要なスキルを習得できます。これが現実場面での支援付き練習です。

病院ではいつも小銭を出してもらうので，長い間，1,000円札を使ったことのなかった患者さんがいました。みんなでラーメン店に行くためにバスに

乗りました。お金を「ここに入れて下さい」と運転手さんに言われて，患者さんは1,000円札を料金用の機械に入れましたが，1,000円札が機械に吸い込まれていくのでびっくり。お札を引っ張ったままでいると運転手さんに「手を離しなさい！」と大きな声で言われ，担当看護師さんも急いで「大丈夫だよ，おつりがでるから」と言ったので，やっと手を離しました。するとすぐ，おつりが出てきました。ああよかった。1回経験したらすぐ学習できました。

　マクドナルドで食べ物の注文をする，お弁当屋さんでお弁当を買う，図書館で利用者カードを作って本を借りるなどは実際の場に支援者がついて行って教えるとすぐに効果があがります。退院を控えている患者さんには大事な練習ですし，地域で暮らす当事者が社会体験を増す学習にぴったりです。職員や大学の実習生などの助けをもらいながら，社会経験を豊かにするよい学習ですが，デイケアなどで当事者同士が助け合うシステムを作ることができれば，一層生活の質があがるでしょう。

### 3）問題解決法（problem - solving method）

　次によく行われているのは，認知療法を取り入れた問題解決法です。対人上の問題の解決策を考えるときに使えます。私は1988年にSSTを学びに1カ月ロサンジェルスに滞在しましたが，そのとき，地域医療施設で，3カ月を1クールにして，毎週毎週，生活上のいろいろな問題場面を取り上げたビデオ教材を使いながら問題解決法だけを学習しているグループを見学したことがあります。解決を必要とする問題の事例は「グループホームで自分が見ているTVの画面を断りなしにほかの利用者が別のチャンネルに切り変えてしまった」場面とか，「地域のスーパーのチラシに安売りの商品が宣伝されていたので買いに行ったが，もともと，それはおとり商品で，もう売り切れていてほかの品物を買うようにすすめられた場面」などでした。ヨーロッパの国々でも刑務所や保護観察の対象者に，この問題解決法を教えている様子が2017年の第3回世界保護観察会議でも報告されていました。東京で開催されたので私も参加させてもらいましたが，先進国の実践を聞いて，大変勉

強になった国際会議でした。

　日本のデイケアでもこの問題解決法は有効です。私が関わっていたあるデイケアでは，熱心な作業療法士さんがグループ SST を行っておられました。あるとき，そのグループ SST の時間に女性のメンバーが自分の経験を語り，こんなときにはどうしたら良いか，みんなの助言を求めました。それは先日，突然男性のデイケア利用者から「蹴っ飛ばされたことある？」と質問され，あまりにも突然の質問だったので，どう返事したらいいのかとまどい，自分は沈黙を守るだけだったそうです。その女性は SST グループのみんなにどういう返事の仕方があるかを質問したのです。支援者の作業療法士さんは，「問題解決法」を使って，みんなで考えて見ることを提案しました。

## 問題解決法のやり方

①問題を定義します。ここでは〔「蹴っ飛ばされたことある？」という思いがけない質問を突然された〕のが問題です。

②それに対して，みんなで思いつく限りの解決策をあげてみます。

③みんなであげられた解決策の一つひとつについて，プラス面とマイナス面を考えて次頁のような表を作ります。

④当事者は表の全体を見渡して，自分の希望する行動をそのなかから選び，または，そのなかの，いくつかの案を組み合わせて，今度そのようなことがあったら自分が実行する行動を決めます。

⑤いつ，実行するかを決めます。（該当する場合には）

⑥必要ならば行動リハーサルで練習します。

　このような問題解決法を実行することによって，ものの考え方の幅が広がる，つまり認知レパートリーが広がる結果になるので，認知のよいトレーニングになります。

　この課題を出した女性は，この表のなかから「ああ，その手の話は苦手なの」と言い，相手の話をさえぎるために手を振り，「ごめん」と言って，その場をはずす練習ができ，いつか同じようになことが起きた場合にそなえました。

**表1**

問題：
A（女性）がB（男性）に「蹴っ飛ばされたこと，ある？」と突然，質問された

| 解決策 | メリット | デメリット |
|---|---|---|
| 「何かあったの？」と聞く | 相手への関心を示す | 長い話を聞かなくてはならないかも |
| 「ないです」ときっぱり言う | それ以上，話を聞かないで済む | 相手を否定する感じ |
| 「あぁびっくりした！」と言う | 相手に変な質問だと気づかせる | 弱い反応なので，話が続くかも |
| 「いきなり，どうしたの」？ | 相手に関心を示す | 長い話が続くのを聞かなくてはならないかも |
| 「誰かに蹴っ飛ばされたの？」 | 相手の話に関心を示す | 長い話が続くのを聞かなくてはならないかも |
| 「なに？　マジ受ける！」と笑う | フランクな感じを伝える | この表現はレベルが高いので使えない人もいる |
| 自分の表情を変えずに，頭を掻いている | 相手に無関心だと伝える | 相手を怒らせるかも |
| 「あぁ，その手の話は苦手なの！」という | 自分の気持ちを率直に伝える | 相手が拒否された感じがするかも |
| "ＷＨＹ？"と笑う | 相手の笑いを誘うかも | ハードルが高い<br>恥ずかしいので，後が続かない |

## 4）認知再構成法（cognitive restructuring）

　SSTのセッションでよく取り上げられる別の練習は認知再構成法を使うものです。ある出来事に対して，とっさに自分の心に浮かぶ非機能的な考え方（認知）を機能的な認知に変える認知再構成法は，刑務所や更生保護施設などで行われる「怒りのコントロール学習」で普通に使われています。たとえば職場で若い先輩に「駄目だよ，こんなやり方じゃ。もう一回，やり直してよ」と偉そうに言われると，自分はどう反応するでしょうか？　このようなとき，言われた人の心にとっさに浮かんでくる考え（自動思考，または自

己会話）が「コイツは自分を馬鹿にしている」という認知であれば，怒ってしまうのが自然でしょう。

　しかし，「コイツもなんかあるんだろう」とか「オレはオレ，コイツはコイツ」と自分の認知を変えると怒る気持ちはずっと下がってくるでしょう。私が一番感動したのは，この練習をしたある人が「自分は刑務所にまで入って苦労したんだから，もう一回りでっかくなりたい。いやなことがあっても，そのための修行だ，と考えるようにする」と言う人の言葉を聞いたときです。その人は怒りそうなとき，「修行，修行」と心の中で言うそうです。

　自分の認知のパターンを意識して，別の認知に置き換える練習によって，自分の気持ちが前向きになるので，この認知再構成法は広く用いられています。置き換えたい認知は人によって違いますが，グループでやると，いろいろな候補があがって，自分にぴったりの考え方を早く見つけることができます。「怒りのコントロール」とはテキスト的な言い方ですが，刑務所で練習したときに，参加者の一人が「今日はいい怒りの逃がし方を勉強しました」というのを聞いて，私は「怒りの逃がし方」という表現のほうが気に入りました。

　以上，四つの代表的な SST セッションで用いるアプローチを簡単に紹介しました。くわしく SST を勉強したい方は SST 普及協会のホームページに SST の文献のリストが紹介されていますので，そちらを参考になさって下さい。また，ぜひ，各地で行われている SST 普及協会関係の研修会にご参加下さい。

（注 1）前田ケイ『基本から学ぶ SST』星和書店，2013.
（注 2）前田ケイ『生きる力をつける支援の為に：保護司面接のための SST マニュアル（DVD つき）』〈第 2 版〉日本更生保護協会，2019.
（注 3）Granholm, McQuaid, Holden : Cognitive-Behavioral Social Skills Training for Schizophrenia; A Practical Treatment Guide.（熊谷，天笠，滝本訳『認知行動 SST：統合失調症者支援のための臨床実践ガイド』星和書店，2019）
（注 4）北岡祐子『仕事だいじょうぶの本』ペンコム，2021.

# 第6章

# 精神科デイケアでの支援過程とプログラム活動
—— ひとりからグループへ，デイケアから地域社会へ ——

> 精神科デイケアを例にとり，サービスの利用に当事
> 者が同意し，具体的なサービスを体験し，モニタリン
> グを続けるまでの，支援の段階的な進め方について説
> 明する。
> 　プログラム活動とプログラム展開の概念及び，デイ
> ケアで新しくグループを作る時に検討する項目に関し
> て，SST を例にとり説明する。最後にモニタリング面
> 接の工夫について提案する。

## I　精神保健福祉のサービス

　現在，都会では精神科の病気を経験している人や心に悩みを持つ人が相談
に行く場所がかなり増えています。病院やクリニックばかりでなく，精神
保健福祉センターほか行政関係の相談窓口や民間のカウンセリング・セン
ター，そして 2013 年（平成 25 年）に施行された，通称障害者総合支援法に
基づいて作られている相談支援事業所などがあります。相談支援事業所は地
域の中で利用できるサービスを紹介し，実際の利用に結びつける支援をして
います。地域で精神科の疾患を持つ人たちに直接サービスを提供している事
業所としては，生活訓練事業所，就労継続支援事業所，就労移行支援事業所
などがあります。障害者総合支援法は原則，3 年をめどに現状を見直すこと

になっているので，すでに改定もされましたし，これからも改善されていくことを期待します。

このようにいろいろな精神保健福祉関係のサービスを提供できる組織体は増えていますが，そのどこに働く支援者であってもサービスを必要とする人にサービス利用を支援する基本的な手続きは同じです。

## II　支援の手続き

支援の手続きについて，私が馴染んでいるソーシャルワークを例にとって説明します。アメリカの大学や大学院でよく読まれている教科書の一つにヘップワース（Dean H. Hepworth）らのものがあります。それによると支援は三つの大きな段階に分けることができ，その第1段階には「探索（exploration），関わり（engagement），アセスメント（assessment），計画（planning）」となっています。第2段階は「計画の実行（implementation）と目標達成（goal attainment）」です。第3段階は「結果評価（evaluation）と終結（termination）」です[注1]。日本で社会福祉士や精神保健福祉士の国家資格を取得するために受験する人がよく読んでいる教科書のうち，ソーシャルワークの支援過程を取り扱っているものの一つは，『ソーシャルワークの理論と方法』だと思われます[注2]。この本には支援過程の第一に「ケースの発見」と「エンゲージメント（インテーク）」を真っ先にあげています。

私の考えではエンゲージメント（engagement）とインテーク（intake）はケースによって，同じ時期に行われない場合もあるので，インテークについては後で述べ，まずケースの発見とエンゲージメントを具体的に考えて見ましょう。ケースの発見とは支援が必要な人を見つけることと言い換えることができるでしょう。

ある社会福祉協議会（以下，社協）の職員が高齢の老夫婦に介護サービスの説明をして，利用をすすめるために，これまで2回夫婦の自宅を訪問しました。3回目に訪問したとき，奥の部屋に通されましたが，突然別の部屋から中年の男性が出てきたので，社協の職員は，初めてその家には長年引き

こもっている息子さんがいることを知ったのです。この段階が教科書にある「ケースの発見」です。この方に関する情報を老夫婦からできるだけもらい，何ができるかを考え始めるのがヘップワースらの言う「探索」でしょう。社協職員はなんとか本人に声をかけ，少しでも関係を作ろうとしました。これがエンゲージメントの始まりです。『Oxford 現代英英辞典』にあるエンゲージメントの意味の一つに「誰か，または何かを理解しようとする目的をもち関わること」という説明があります。社協職員ができたのは，短い挨拶と自己紹介だけでしたが，その時に相手を注意深く観察し，その後，両親の話を聞いて，その息子さんの状態を理解しようと関わったのです。息子さんが何らかの精神疾患を持つことを感じ取った社協職員は帰ってからすぐ，この地域担当の保健師さんと連絡を取り，その後，社協職員と保健師さんらは訪問を繰り返し，当事者の両親に協力を求めながら，なんとか男性をクリニックの診察につなぐための働きかけを続けました。簡単にはいきませんでしたが，粘り強い働きかけと関係作り（エンゲージメント）が成功して，ほぼ1年ちかくの後，保健師さんが同行して，本人は近くのクリニックを訪れることができました。

　当事者がクリニックの職員と話をして，治療を受けるかどうかを検討する段階は，厳密に言えば，当事者はまだ潜在的なクライエントの状態ですが，このクリニック職員との面接でやっと「インテーク」が始まったと言ってよいでしょう。

　インテーク（intake）とはアメリカの全米ソーシャルワーカー協会が出版しているバーカー（R. Barker）の『ソーシャルワーク用語辞典（Dictionary of Social Work）』によれば次の通りです。「インテークとはサービスを提供する施設や機関 agency がクライエントとの最初の接触を支援的で生産的なものにするために行う手続きのことである。通常，この手続きには，施設や機関などがどのようなサービスをどのような条件で提供できるかの説明（費用や予約の取り方など），クライエントの問題に関する情報をもらい問題を具体的に知るための面接，サービス利用についてのクライエントの積極的な意思の確認，今後の担当者の決定などが含まれる」[注3]。

インテークにつづく手続きを改めてリストアップすると次の通りです。

①インテーク面接（受理面接・導入面接）を行う。

②利用者としてのアセスメントをまとめる。

③取り組みの目標と目標達成のための段階的計画を立てる。

④計画を段階的に実行する。

⑤実行の効果を継続的に判定する（モニタリングを行う）。

⑥結果評価（evaluation）を行い，サービスを終結して，必要ならば次の
　サービスにつなぐ。

　法的な措置による一部の例外を除いて，これらの過程は，一貫して支援者と当事者との協働のもとに進められます。このやり方が当事者の人権を尊重するばかりでなく，当事者の立ち直りの動機を高め，リハビリテーションの効果を一層高めるからです。

　このような支援手続きの細部について専門的な立場から解説する本や研究論文がいろいろあるので，詳細はそれらの文献に任せ，この章では精神科デイケアに焦点を合わせて，それぞれの支援段階で大事な概念とデイケア職員の適切な行動について考えてみます。デイケアはグループの力を活かす場所であり，私がデイケアでも SST を実践してきたからです。

## Ⅲ　精神科デイケアとは

　精神科デイケアとは，精神科病院から退院した患者さんが次のステップとして地域に住みながら通う所，あるいは始めから入院しないで利用する所で，目的は治療とリハビリテーションを進めるところ，本人としては，少しずつ自分の健康と生きがいを取り戻すことができる場になるでしょう。利用人数によって，大規模デイケアと小規模デイケアがありますし，利用時間帯によって，ショートケア，デイケア，ナイトケア，デイナイトケアの4種類があります。近年では，発達障害者のためのデイケアや主に抑うつ状態で休職中の患者さんのためのリワーク・プログラムに特化したデイケアも増えています。

デイケア利用に至るまでの経路はさまざまです。自分から利用を望んでくる人，親や主治医から勧められて来てみた人，支援者側が必要を感じて家庭訪問の結果，サービス利用を勧める場合，あるいは法的な措置と関連して関係する諸組織がケース会議を開いた結果として，医療側にデイケア対応の依頼がくる場合（ケースの紹介；referral）など，さまざまです。

## Ⅳ　精神科デイケアでのインテーク

どのような経路であっても，当事者と初めてデイケア利用に関して検討するために医療施設が行う面接がインテーク（受理面接，導入面接）です。多くの場合，インテークの第一歩は医療施設側がデイケア利用について当事者本人から情報を得るために，あらかじめ用意してある書類に書き込んでもらうことから始まります。それは次の段階のアセスメント面接に備えて，当事者がこれまでどんな生活を送ってきて，どんな症状を経験し，現在はどういう状態にあり，これからの希望は何かについての概要を知るためです。

注意したい点はインテークで用いる本人記入用の用紙がわかりやすいものであるかどうか，つまりユーザーフレンドリーになっているかどうかです。このさい，一度いま使っている書類を当事者の立場に立って見直してみませんか？　専門職には当たり前に思える専門用語が当事者には意味が通じにくいかもしれません。できるだけやさしい日本語を使いましょう。

次に，インテーク担当職員が本人と面接をして，本人が記入した書類を見ながら，もっと具体的な症状やくわしい生活の状態を聞きとり，これからの具体的な希望について一緒に話し合います。その職員は現在，デイケアではどのような目的でどんな活動をしているかを説明しますが，そのために，デイケア案内のリーフレットを使って説明したり，活動の写真や動画を見せたりするかもしれません。同席している家族の質問に応じて，すでにデイケアを「卒業」して就労している「先輩」の話をする時もあるでしょう。職員は，あくまでも本人の状態に応じて，その時に必要な情報を分かりやすく提供し，求められる質問に応じて簡潔に誠実に伝えます。結論を出す前に，試

しにデイケアを見学する機会を用意できるかもしれません。このすべてのやりとりで今後の成功の基礎になる信頼関係がだんだん作られていきます。

　インテーク担当職員は自分一人で話をリードせず，イエスかノーだけの答えで終わる「閉ざされた質問」よりも自由に答えることのできる「開かれた質問」を多く使い，何が話されているかと同時に「話されていないこと」にも注意を向けます。心からの敬意と共感をもって，しっかりと聞き，これからの支援に必要なよい関係を作っていきましょう。当事者の希望と一致する点を一緒に考え，当事者がデイケア利用に伴う諸条件を受け入れ，利用についての合意ができるとインテークは終わります。

## V　精神科デイケアでのアセスメント

　デイケア利用に合意した当事者をこれからは利用者と呼びます。インテークに続く作業をアセスメントと言いますが，インテークをした職員とは別の職員がアセスメントを行う場合も多いでしょう。アセスメント（assessment）という英語には，ある事態や状況について関係している者の意見や判断を求めるという意味あいがあります。この段階でのデイケアにおけるアセスメントとは，支援者が利用者と一緒に，デイケア利用に対する利用者の準備性及び可能と考えられる回復のための段階的目標（例，長期目標，短期目標，当面の目標など）を整理し，そのために行う活動を視野に入れて，文書にまとめる作業のことです。最も大事な視点は，池渕恵美先生の言葉をお借りすると，この段階でのアセスメントは「診断学的な評価ではなく，リハビリテーションのためのアセスメント」だということです。つまり，「今はできなくとも，リハビリテーションによって将来どのようなことができるようになるか」というアセスメントであり，「いま経験している障害とこれから伸ばすことのできる能力の評価」なのです[(注4)]。アセスメントは継続して行われるので，この第1回のアセスメントを「仮アセスメント」と呼んでいる人もいます。

　アセスメントのなかで家族関係について話を聞き，家族構成をジェノグラ

ム（家族関係図）で表記しているところもあるでしょう。この家族関係を一般的には 3 世代にわたって図式化して表記する方法は家族構成を視覚的にさっと見渡すことができて便利です。図になった祖父母や親の年齢と当事者の年齢を一見すれば，5 年先に介護も含めて当事者が家族のなかで果たすことを期待される役割がある程度予測できます。それによっても，本人に習得が必要となる社会的能力とその習得のために参加できる活動を考える時に参考になります。

　ジェノグラムの表記にも最近の多様性を反映して変化が起きました。たとえば，男性は□，女性は○の表記に加えて，いまでは男性として生まれたが女性としての性指向があるとき，あるいはその反対の場合，それぞれ，□または○のなかに△を書き込む表記法が取り入れられています[注5]。つまり▽▽です。世の中は絶えず変化し研究も進んでいるので，アセスメント面接時の質問や，自分たちがいま使っているアセスメント用紙がそのままでよいかを定期的に点検しましょう。

　デイケア利用を始めたばかりでは，前からいる利用者たちの集まりに入っていくことをためらう人は少なくないでしょう。集団経験に対する準備性を判断するのも重要なアセスメントの一部となりますが，デイケアには一人でできる作業や学習の場が用意されていることも伝えましょう。

## 1．アセスメントの進め方の例

　インテークからアセスメントにつながる実際の進め方の一例として『新・精神科デイケア Q＆A』という本に紹介されている東京のクボタクリニックの実践を紹介します[注6]。クボタクリニックでは，まず，来所した当事者自身に「デイケア利用状況自己記入ノート」を記入してもらいます。上記の本に実際の様式が紹介されていますので，ここでは，そのすべてを紹介しませんが，その項目の一部だけを述べさせてもらいます。たとえば，デイケアを利用する目的の欄には，①人づきあいの練習，②集団に慣れる，③生活リズムの改善，④就労の準備，⑤再発・再入院防止，⑥その他が載っていて，あてはまる希望の項目には本人が印をつけるようになっています。（注：上記

の本，p.84）

　クボタクリニックの場合，担当スタッフはこの自己記入ノートを見ながら当事者（と家族）にインテーク面談を行い，面談で現在の状況，本人の課題や強みを把握し，その内容は次に専門職チームで行う「ケア会議」に報告され，検討され，アセスメントとして「精神科リハビリテーション評価表」と介入の計画書である「診療計画」が作られます。「診療計画」には当事者の短期目標，長期目標，本人に必要なプログラム内容と実施頻度，デイケアを必要とする期間，その他が記載されます。医師はこの「診療計画」を当事者（と家族）に見てもらい，同意を得て，実際のデイケア利用が始まるとのことです。（注；上記，pp.52-57）

　この情報は 2016 年（平成 28 年）に出版された上記の本の記述によるものなので，現在の状況を理事長の窪田彰先生に問い合わせました。窪田先生は現在もこの手続きは基本的に変わっていないが，あくまでも「個々の状況にあわせて柔軟に対応する」と返答してくださいました。

## 2．アセスメント・スキルに関する支援者の自己評価表

　この項目の終りに，ソーシャルワーカーのスキルについて書かれているコーノヤー（B.R. Cournoyer）の教科書にある質問を参考にして，私は支援者のアセスメントの自己評価表を作ってみました。それぞれの項目に 1 から 10 までの点数を選んで，自己評価してみるとすれば，あなたはそれぞれに何点がつくでしょうか？

　①わたしはクライエントにアセスメントの目的と役割についてわかりやすく説明できる。
　②クライエントが意欲を持って，アセスメントの過程に参加できるように動機づけることができる。
　③クライエントの直面している問題が一体何かを整理しながらクライエントと一緒に考えることができる。
　④どう事態を変えることができるか，どうクライエント自身が変わることができるかの仮説をクライエントと分かち合うことができる。

⑤これから，一緒に取り組む「作業」の課題を段階別にクライエントと確認できる。

⑥クライエントと一緒に，情報を整理して文書にまとめる準備ができる。

⑦アセスメント文書やケース・フォーミュレーションにまとめることができる[注7]。

## VI　精神科デイケアでのプログラム活動とプログラム展開

## 1. プログラム

デイケアでは，利用者の治療とリハビリテーションにふさわしい活動をいろいろ用意しています。第2章でも述べましたが，メンバーが行う活動をプログラムといいます。

池渕恵美先生が関係してこられた帝京大学のデイケアでは「ゲームなどの遊びを中心としたプログラム，手芸やパソコン作業などの個人の作業が中心のプログラム，SSTや心理教育など知識やスキルを学ぶためのプログラム，料理やスポーツなど仲間集団での達成を目標とするプログラムなど，志向性の異なるさまざまなメニューがあって，"興味の持てるもの"を選べるようになって」いるとのことです[注8]。

これらの活動は曜日や時間帯に区切られてデイケアでのスケジュールが作られるので，「プログラムとはスケジュールのことである」と書いてあるデイケア関係の本もありますが，これは間違いで，プログラムとはあくまでも利用者が行う活動そのものを指す概念です。

しかもスケジュール化されている活動だけがデイケアのプログラムではありません。予定されている朝のミーティングが始まる前の時間に，メンバー同士が会話する自発的な活動，さらに一つの活動が終わって次の活動が始まるまでの休み時間の自由な会話なども大事なプログラム活動です。コノプカ（Konopka）は，「プログラムとはグループがその会合の間，ワーカーの面前で行うあらゆる活動を指す」[注9]と言っています。ほっとできる時間

に個々のメンバーはどう行動しているか，職員は注意深く観察し，そのようなみんなの注目を引かない自由な時間だからこそ，さりげなくメンバーに話しかけることができ，それはまぎれもなく大切な「治療的」意味を持つプログラム活動です。そして，そのような会話から，他の利用者につなげる情報を提供することもできます。たとえば「Aさんは野球が好きだと前に言っておられましたが，応援しているチームがありますか？　えっ！楽天でなくて，巨人ですか？　そう言えば，Bさんも大の巨人ファンですよ。知っていました？」などという会話を交わしてから，近くにBさんがいれば，Bさんに呼びかけて「Bさん，もう一人巨人ファンをみつけましたよ」などと人間関係をつないであげる働きができます。

　このような相互作用がうまく展開していくためには，「場面構成」，つまり「相互作用を促しやすい物理的な環境を整える工夫」が大事です。朝の集まりに，だんだん人が大勢集まってくるなか，一人でいても緊張しない窓際の席も用意し，全員が集まるまで窓から外を見ていることができるとか，目立たないように部屋の隅に少し離して椅子を置くとか，本人のストレスを減らすための，いろいろな場面構成が必要です。そこでリラックスしているときにさりげなく職員が話しかけるといいと思います。必要がなくなれば，そっと椅子の配置を変えるといいのですから。

　個人に働きかける，またはグループに働きかける，この二つのアプローチは相互補完的なものです。すでに述べましたが，SSTにも「一人SST」または「個人SST」と呼ばれる構造があり，利用者が一人でも，自分の人間関係を広げ，改善するためのSSTができます。

　私はいろいろなデイケアや事業所を見てきましたが，先進国の施設と日本の施設との大きな違いの一つは，個人面接をする部屋が日本の場合，まったく足りないし，重要視されていないという事実です。面接室が複数あれば，たとえばデイケア仲間との関係を直すために「自分の失言をあやまる」などの個人SSTが安心してできるでしょう。もちろん日本では専門職の人数自体が足りないし，予算も足りないかもしれませんが，個人に対する働きかけとグループを通しての働きかけ，この二つはデイケアという一枚の布を作り

あげる横糸と縦糸のような関係にあることを理解し改善に努めましょう。

　もう一つ。グループは絶えず変動しているので，個々のメンバーやグループのために，まったく予定していない活動を臨機応変に導入する場合があります。スケジュールにない臨機応変に行う活動もプログラム活動です。その例は第7章の168頁にあります。

## 2. プログラム展開（program development）

　活動としてのプログラムに加えて，参加しているメンバー同士の交流に働きかけるプログラム展開という考え方が大事なので，具体例で説明します。

　始めのうち，デイケアの手芸・工作の時間に，一人で黙々と手芸や工作に励んでいた3人のメンバーがいました。時間がくれば静かに作業の用意をし，作業が終われば片付けて，また別のスケジュールに黙々と動いていく。これを数週間，繰り返してきた人たちでした。お互いにどんな作品を作っているのかにはまったく注意を向けていません。でも職員とは話をしますし，よい関係が保たれていましたので，ある日，職員はメンバーの様子を見て，その日のセッションを早めに終え，お茶を飲みながら自分たちの作品を見せ合い，少しだけお喋りをすることを提案しました。不安があったかもしれませんが，メンバーはうなずいて同意しました。実際に行われたお茶の時間は大成功でした。メンバー同士は自分の作品づくりの苦労を話したり，ほかのメンバーの作品を褒めたり，これまで黙々と孤立して作業してきた人たちの集合体は一変しました。このように適切な時期を判断して，メンバーがいま行っているプログラム活動をメンバー間の相互作用を促進させ，社会体験を広げる方向に発展させていく支援者の働きかけをプログラム展開と言います。

　厳密にいえば，プログラム展開は支援者からの働きかけだけでなく，メンバーの意見も取り入れて実行されます。集団が発達してくれば，当然メンバーの意見を大いに活かし，メンバーの参加も次第に主体的になっていくでしょう。たとえば，デイケアで秋にはミニ文化祭を行い，手芸の作品をホールに展示することについて支援者がヒントを出し，その後はメンバーがある程度主体となって進める文化祭が実現するかもしれません。月に1回は地域

に出かけていく活動を取り入れているデイケアが，訪ねたい地域の場所を決めるのに，ほとんどメンバーの意見を取り入れ，行き方や交通費などを決めるのにメンバーの係りに調べてもらっていますが，いい参加の進め方ですね。

　利用者のリハビリテーションに役立つ楽しいプログラム活動とその活動を通してメンバーの相互作用や相互支援を実現していくプログラム展開，この二つがメンバーを前に進めるよい経験を作ります。

## 3. 一人で不安なメンバーを孤立させないために

　私が以前に見学したロサンゼルスのデイ・トリートメント・センター（Day Treatment Center），日本のデイケアにあたる施設では，利用者が希望すれば先輩の利用者に“パートナー”として，支えてもらえるきまりがありました。このパートナーは担当の新人に，いろいろセンターについて説明したり，活動に一緒に参加してあげたりしていました。グループに入りやすくするいい工夫だと思いますし，助ける側にもメリットが大きいと思いました。

　もうひとつ，当事者の就職活動を支援している施設もロサンゼルスで見学しましたが，そこでは同じ段階にいる利用者同士がペアを組んで，一日の終わりに互いに自分の求職活動が今日はどこまで進歩したかを報告し合い，これから先の作業の計画を話し合い，互いに励まし合い，助言し合うシステムを作っていました。グループは二人から始まることを前に述べましたが，このやり方もメンバー同士の助け合いの力を活用しています。利用者にも好評でした。

## 4. 利用者の主体的参加を促す工夫

　以前，私は東京で保健所が運営していたデイケアに数年間，ボランティアとして通いました。ある時みんなでくつろいでいると，一人の男性が同じ仲間の男性利用者に「ねえ，デイケアって何だろう」と話しかけました。聞かれた人は「デイって昼間だろう。ケアはお世話だろう。だからデイケアは“昼間のお世話”っていう意味だろう」と答えていました。聞いた人は「へえ〜」

と言ったきりでした。私たち支援者はもっと利用者の能力を信じ，あらゆる機会を活かしてサービスの趣旨を説明し，主体的な取り組みを進めなくてはいけないことを強く思わせられたエピソードでした。

　私が見学したアメリカ，オレゴン州のポートランド市にあるデイ・トリートメント・センターで感心したことを紹介します。それは，支援者が利用者と一緒に，綿密なプログラム分析を行っていたことです。その結果はリストになり，壁に貼ってありました。たとえば，キッチンには料理グループに参加すると自分にはどんなメリットがあるかを書いた，次のようなリストがありました。

　料理グループに入ると私には次のような力がつく
①栄養素について知る。
②経済的な買い物のコツを覚える。
③メニューのレパートリーを増やす。
④調理の経験を積んで，いろいろな調理のスキルを磨く。
⑤他の人と助け合って働く力をつける。
⑥人に喜んでもらう経験をふやす。

　話し合いの様子が目に浮かぶようですね。ほかにも会報を発行する「ジャーナリズム」というグループがあり，パソコンの前に，その活動に参加して得られる詳しいスキルのリストが貼ってありました。このように自分がその特定のプログラムに参加したら，自分のリハビリのために，どんなプラスの経験ができるかを参加者が支援者と一緒に分析する実践の意義は大きいです。ともすれば，与えられた活動をやらされていると思いがちな利用者です。支援者と一緒に，この「特定のプログラムをすることの意味」を分析してみるのは，主体性をもって活動に参加する姿勢を高めるために大変有効です。

# Ⅶ　エビデンスがあるプログラム活動

　デイケアで行われている活動が本当に治療的効果を持つのか，という質問に答えるのは容易ではありません。多くのデイケアでは，利用者を注意深く観察し，さらに利用者からのフィードバックで満足度を判断しています。口頭でのフィードバックもあれば，アンケートによるフィードバックもあるでしょう。しかし普通に行われている大部分のデイケア活動は実証研究によって効果が認められた，つまりエビデンスのあるものではありません。これについて池渕先生は精神疾患やこころの病に伴う障害の研究そのものが始まったばかりで，エビデンスを確立するために必要な客観的なデーターにできない部分が大きいことが理由だと述べておられます（前述；注4，p.77）。まさに障害（disablity）とは何かという基本的な課題の究明の必要性を指摘された池淵先生のご意見の通りだと思いますが，私はさらに実際的な問題も意識しています。実証的な調査研究を行うには人材と費用が必要です。調査研究に関する重要性を理解し，実際に調査研究ができる人材を医師層以外の専門職の間にもっと増やす必要があります。さらに，心理的・社会的な調査研究の重要性を理解して研究資金を提供してくれる公私の団体や機関がもっと，もっと増えなければ，対照群を作って長期間にわたる研究を行う本格的なリサーチはできません。科学研究の価値を認め支援を惜しまない団体や機関がたくさん増えることを心から望んでいます。

　現在，デイケアで行われている諸活動のうち，心理教育とSST（social skills training）はエビデンスがあると池渕先生は述べておられます（同掲載書；p.55）。SSTについては第5章で述べましたので，心理教育について，少しだけ触れたいと思います。

## 1.　心理教育（psycho-education）

### 1）当事者に対する心理教育

　私は就労支援事業所でもSSTを行っていますが，利用者の中には自分の

病気について，これまで，教えられたり，話し合ったりする機会がまったく
ないままに過ごしてきた人が少なからずいることを知りました。

　社会に広まっている精神疾患に対する偏見をそのまま，自分の中に取り込
んでいる人もたくさんおり，オープンに語り合い，病気や薬についての正し
い情報を持つことは絶対に必要であり，しかも利用者や家族同士がお互いの
経験について話し合うことから得られる利益はとても大きいものです。たと
えば，幻聴のある利用者が自分の悩みについてちょっとだけ話した場合，支
援者はたとえほかの活動をしているときでも，それを短時間中断してでも
病気について学べる，この機会を活かしましょう。幻聴は英語では hearing
voices と言い，この単語でインターネットを見ると実に多くの情報を読むこ
とができます。イギリス発信の情報として，幻聴について考える国レベルの
団体や世界レベルの団体の活動を読むことができますし，自分の幻聴につい
ての経験を語っている海外の人たちの経験談をたくさん読むことができま
す。自分の幻聴に悩むデイケア利用者が「幻聴は統合失調症に伴うよくある
症状で，世界中の人が自分の経験を分かち合い，支え合っている」ことを知
るのは大変心強いことであり，いつか改めて勉強の機会がほしいという願い
を持たせるかもしれません。

　私はそのようなとき，北海道浦河町のべてるメンバーだった林園子さんの
「自己研究」の話をグループのメンバーにすることがあります。林さんは自
分で，いったい，どんなときに「幻聴さん」がくるかを研究して「なつひさ
お」という人の名前のような呼び名を発表しました。「な」は悩みがあると
き，「つ」は疲れているとき，「ひ」は何もすることがなくて暇なとき，「さ」
は淋しいとき，「お」はお金がなかったり，お腹がすいたり，お薬をのまな
いでいるときなどだそうです。それを探求して，自分で幻聴に対処する方法
を自分で見つけることができたというのが林さんの研究結果です。役に立ち
ます！　自分の病気を自分で理解できるように研究し，自分で対処法を工夫
する仲間がいたという私の話に勇気づけられた人はたくさんいました。園子
さん，有り難う！

　このような勉強をしている患者や家族が勉強していない人たちよりも生活

上のストレスが低く，病気の再発率が低いというエビデンスがある研究結果はとても納得がいきます。これまで精神科の病院では多職種のチームで心理教育を行うところが増える傾向がありましたが，入院期間が短くなってきたいま，心理教育の主軸は地域社会に移ってきました。病院やクリニックのソーシャルワーカーなどが病院と地域の連携という積極的な役割を果たし，いい心理教育を進めましょう。

## 2）家族に対する心理教育

　家族が病気を正しく理解する必要性はどれほど強調しても足りないほどです。私が松浦幸子さんと一緒に東京のクッキングハウスで家族の集いを開いていたとき，地域の精神保健関係の組織体が開く精神保健講座には参加せず，知っている人に出会う心配のない遠い場所での集いに参加したいと，他県から参加している家族にたくさんお会いしました。

　家族の中に精神科の疾患を経験している人がいるとき，ほかの家族員はどう思うかに関して，ここで是非紹介したいことがあります。私はかつて台湾で開かれた世界精神保健連盟西太平洋地域会議に参加しました。そのときロサンゼルスから参加していたタミー・ツアイという中国系のアメリカ人女性の発言を忘れることができません。発言の要約を紹介します。

　「弟が病気になって，私たちにはいろいろな悩みがありましたが，最悪だったのは精神病への偏見と間違った情報にのみ込まれて，私たち家族が恥に打ちのめされたことでした。私たち自身の経験から出した結論は次の通りです。

①決して，決して，あなたや家族の精神病を恥じてはいけない。恥は私たちの最大の敵です。
②家族には弟のために何でもやってみる権利と責任があると思ったときから，弟の回復が始まりました。
③ロサンゼルスでは，家族会が活躍しています。医師，病院関係者，行政関係者と肩をならべるフルパートナーとして，患者が良いリハビリテーションを進め，また家族生活が向上するように一緒に計画を進めています。

④そのような中でも，最大の贈り物は勇気あるほかの家族の方たちと出会えたことでした。

私たち支援者には，まだまだやるべきことがある，と勇気をもらいますね。

## Ⅷ　デイケアで新しくグループを作るとき

デイケアで新しいプログラム活動のためにグループを作るとき，念入りな準備が大事なので，以下考慮したい項目をあげ，具体例として SST グループを作る場合を考えてみました。

## 1．このプログラムは，どんなニーズに応じようとするのか

新しく始めたいと思うプログラムは個々の利用者のどのようなニーズに応じるのかを考え，そのプログラムが効果的だという理由を書き出してみましょう。

【例】SST グループの場合

認知行動療法の理論を取り入れ，当事者が希望する生活に役立つものの考え方（認知）と行動の取り方を学習していき，自己効力感を高めるというニーズに応える。

## 2．グループの目的は何か

なぜこのプログラムをグループでやるのか，その根拠を考えます。

【例】SST グループの場合

グループの中でメンバー同士の協力を得ながら，認知と行動の改善を目指し，繰り返し練習することによって学習が強化され，般化が可能になります。メンバー同士の協力の具体例としては，行動リハーサルの練習で相手役になる，また，練習した本人のいいところを褒める，行動修正のためのアイデアを出すなど，個々のメンバーは他の人の役に立つ経験をすると同時に，バンデュラーのいう観察学習効果によって，他のメンバーの練習の様子を観

察するだけでも自分の認知的・行動的スキルを向上させることができます。練習課題の多くは他のメンバーにも共通性がある場合が多いからです。

## 3. メンバーの選択

誰をグループ・メンバーに選ぶか。

【例】SST グループの場合

①一定時間グループに落ち着いて参加でき，他のメンバーの邪魔をしないでいることができる人。

②男女とも参加は OK。（性別を問わない）

③自分から希望する人と主治医の意見により職員からの勧めで参加に同意した人。

## 4. 人数

何人から何人までが可能か？

【例】SST グループの場合

グループ SST は二人から始めることができますが，8 名くらいが最適です。10 人を少し越えてもできますが，あまり多いと参加メンバーの中で，自分の練習ができない人が出てきます。もし人数が 10 人以上の場合には，セッション中に，サブグループを活用する技法を使うといいでしょう（第 7 章 174 頁を参照のこと）。

## 5. グループ活動を行う時間帯

セッションはどのくらいの時間帯で行うかを考えます。

【例】SST グループの場合

参加人数が，二人ならば 45 分，それ以上ならば 1 時間か 1 時間半などが適切です。

## 6. 頻度

週に何回行うかを考えます。

【例】SST グループの場合

週に 2 回または 1 回（SST はピアノの練習，英会話の練習と同じで思い出したように行う月 1 回などはあまり効果が期待できません）。

## 7. 期間（いつからいつまで行うのか）

【例】SST グループの場合

①制限無し—参加メンバーの個別的な計画とニーズに従い，それぞれ自由な練習課題をとりあげる基本訓練モデルで行う。

②3 カ月とか半年など—モジュール別の練習で，ワークブックなどの教材を用意し，「会話の練習」「感情を伝える練習」「家族関係をよくする練習」「仕事のスキルを磨く」など，テーマの予定をきめてメンバーを募集し，順に練習していく。

## 8. グループの構造

3 種類があります。

①クローズド：メンバーシップを特定して途中で変えない。

②セミクローズ：メンバーが欠員になるたびに補充する。

③オープン：いつでも新しいメンバーが参加できる。

【例】SST グループの場合

どのパターンでも大丈夫ですが，学習内容が定まったモジュールでやるときには，メンバーを固定して行うほうがいいです。

## 9. 場所

どのような部屋や環境を選ぶのか（参加者の状態や目的から見て，安全で適切な場所であること。必要な機材や道具 / 遊具などが使える広さはあるかを考える）。

【例】SST グループの場合

ロールプレイなどができるように椅子を円形にし，椅子と椅子の間に一人が立てるようなスペースをとって，全員が座ることができる大きさの部屋が

いい。白板を置くスペースも確保したいです。畳の部屋はおすすめできません。

## 10. メンバー募集の方法

　メンバーをリクルートするやり方を考えます。

　メンバーにグループの目的，活動の内容などを，わかりやすく説明した文書を作って配付するとか，ポスターを貼るなどを考えます。希望者にはできれば面接をして説明の補足と本人の希望や意見を聞いておきます。

　【例】SST グループの場合

　SST によって，どんな生活上のスキルが向上するかを具体的に知るために，練習課題の例示をリストにした資料を作るといいでしょう。たとえば；

　SST の時間に練習できること（例）

　①休み時間など，自由なときにまだ話したことのないメンバーに話しかける。

　②週末の過ごし方を話題にして，会話のキャッチボールをする。

　③家族に「お早う」の次にもう一言話す。

　④家族の誕生日に「おめでとう」と言い，感謝の気持ちを伝える。

　⑤主治医に自分が仕事をしたい気持ちを伝え，相談に乗ってもらう。

　⑥ホームヘルパーさんに，自分の家事援助の希望を伝える。

　⑦スーパーで自分の買いたい品物について質問する。

　⑧ゴミ出しのときに会う隣近所の人と話をする。

　⑨街で高校のときの友人に会って近況を聞かれたときの対処法を考える。

　⑩地域の図書館や体育館を利用する手続きをとる。


　参加を動機づけるために外部の協力を求めて，SST のデモンストレーションを行い，デイケア・メンバーに具体的なやりかたを理解してもらうのも効果的です。SST 普及協会のホームページを見て，自分の県の認定講師や支部活動の情報を参考にして，相談に乗ってもらいましょう。

## 11. 費用

　施設側は必要な費用（備品購入のための費用，参考書購入や必要な研修参

加の費用，その他）を検討します。参加メンバー側に必要となる費用はあるか，どうかも検討します。

【例】SST グループの場合

グループ・セッションに便利な SST 関係のポスターを北海道浦河町のべてる事務局から買うことができます。3 枚 1 セット送料別でケース付き 2,750 円です。（電話：0146-22-5612）

SST グループでバスに乗り，町のレストランに行くなどの練習をするとき，バス代やレストランでの食事代などがかかる場合には自己負担とする場合があります。これについては，あらかじめ，保護者の了解を求めておくといいでしょう。

## 12.　担当職員の資格と人数

どのような経験と資格を持つ職員に何を担当してもらうか，何人必要かを検討します。

【例】SST グループの場合

グループ SST を行うリーダー一人，コリーダー（共同リーダー），記録係の 3 名がいる場合が多いですが，経験があるリーダーならば 1 名でもできます。記録係はいつでも欲しいです。記録用紙も準備が必要です。記録用紙については私の『基本から学ぶ SST―精神の病からの回復を支援する』の第 7 章を参考になさって下さい<sup>(注10)</sup>。

担当職員が SST の理論的基盤を学ぶことができるように，参考文献に目を通す，DVD を見る，研修に参加する，地域内で SST を実施している医療施設や地域の事業所を見学する，外部から講師を招いて勉強するなど，いろいろな方法があります。職員の勤務態勢や必要な準備の学習のための費用などについて勤務先に配慮してもらえるといいですね。見学先や講師，研修などは SST 普及協会の支部に相談ができます。

## 13.　担当職員に対するサポート体制とスーパービジョン体制

新しいプログラムにチャレンジする担当職員をどうサポートできるのか，

誰から指導や助言をもらって，プログラム内容を充実させることができるかをあらかじめデイケアのなかで検討しておくことが大事です。

【例】SST グループの場合

実際に SST をやり始めると，これでいいのかと職員にはいろいろな不安や疑問が湧いてくるでしょう。全国の SST 認定講師のリストが SST 普及協会のホームページに載っています。同じ職種で聞きやすい人を見つけることができるかもしれません。また，すでに述べましたが自分の属する支部の事務局に相談できる人について問い合わせて下さい。自分の地域のどこかで「誰でも参加できる SST」が開かれていないか，調べて見ましょう。

## IX　継続的にモニタリングを行う

デイケアで利用者が治療計画に従い，いろいろな活動に参加すれば，健康を回復し，心理的に安定し，対人関係能力も回復してきて，次第に社会で生活していく力をつけていくことができると私たちは望みを持っていますが，はたして利用者がこの目標に向かってどの程度進み，どのような変化を見せてきたでしょうか。

モニタリングとは，この質問に答えるための作業です。また，モニタリングは継続して行われ，サービスの変更や終結を決める上での大事な作業です。

## 1．標準化されている評価表を使う

利用者の変化を把握していくための尺度として，よく知られているのは「精神科リハビリテーション行動評価尺度（Rehab）」や「精神障害者社会生活評価尺度（LASMI）」などで，その評価用紙は商品化されています。また「日本デイケア学会版精神科リハビリテーション評価表」には，①生活の自己管理，②病気の自己管理，③病気の症状，④社会的・対人的能力，⑤社会的活動への取り組みや社会資源の活用などの項目にわたり，25 の小項目があり，3 段階評価を点数化するようになっています（前掲書，注 4；pp.63-67）。これらはいずれも支援者が 1 週間にわたって観察し，また，当事者から

の情報をもらって評価するものです。時間もかかるので，あまり活発に使われていないのが問題です。

## 2. モニタリング面接に準備する工夫

　上記のような標準化された評価表を使う以外にも，支援者はつねに当事者の様子を観察し，本人と一緒にデイケア利用に関する効果を評価するため，定期的にモニタリングのための面接を行う必要があります。立てた目標に向かって進歩が見られるかどうか，その次の目標をどこに置き，何を中心に活動していくかなどを利用者本人と話し合いますが，その結果，もちろん必要ならば活動計画を変更し，次の新しい目標を立てなければなりません。モニタリングのために当事者と面接する準備として，自分の施設にあった，モニタリング面接に使える当事者からの意見をもらうアンケート用紙を作ってみませんか？

　150頁のアンケートは，あるデイケアのために私が作ったアンケートです。使ってみて参考になりました。回答はこちらの予測通りの利用者もいれば，まったく予測外の返答だった人もいましたので，必ず個別面接を行って回答について話し合うことが大事です。このアンケートはそのためのツールだと思って下さい。デイケアについての意見をたくさん書いてくれた人がいました。いつも当事者の意見を聞いているようで，聞いていなかったことを反省しました。このような評価を定期的に行って面接し，モニターしていくのもデータとして役に立つと思います。

　151頁に別のアンケートを紹介します。自信のない当事者に本人の見えていないよい点をたくさん意識してもらうために，私は就労支援グループSSTの一環として，次のようなアンケートに記入してもらいました。デイケアでも使えると思います。就職面接などで「あなたの長所は？」と聞かれてもすぐには返事ができない当事者をエンパワーするためにも役に立つでしょう。就職するまでには回復していない当事者のためには，もっと質問の数が少ないアンケートを用意するほうがいいかもしれません。

## リカバリー（回復）はどこまで進んできましたか？

作成者：前田ケイ

名前＿＿＿＿＿＿＿＿＿＿＿＿＿＿＿＿＿＿

利用期間＿＿＿＿＿＿＿＿＿＿＿　　　記入日＿＿＿＿年＿＿月＿＿日

以下の質問に5段階で現状を評価してください。当てはまる番号を○で囲んでください。

1. デイケアは自分にとって安全で，安心して過ごせる場所になっている
   　　　　　　5＿＿＿＿＿＿4＿＿＿＿＿＿3＿＿＿＿＿＿2＿＿＿＿＿＿1

2. デイケアを利用することによって，昼夜逆転でない，普通の生活のリズムができてきた
   　　　　　　5＿＿＿＿＿＿4＿＿＿＿＿＿3＿＿＿＿＿＿2＿＿＿＿＿＿1

3. デイケアを利用することで体力がついてきたと思う
   　　　　　　5＿＿＿＿＿＿4＿＿＿＿＿＿3＿＿＿＿＿＿2＿＿＿＿＿＿1

4. デイケアでは自分が楽しめる活動をいろいろ選んで参加できていると思う
   　　　　　　5＿＿＿＿＿＿4＿＿＿＿＿＿3＿＿＿＿＿＿2＿＿＿＿＿＿1

5. 病気の症状や病気について正しい知識と対応の方法を少しずつ学んでいると思う
   　　　　　　5＿＿＿＿＿＿4＿＿＿＿＿＿3＿＿＿＿＿＿2＿＿＿＿＿＿1

6. デイケアで話ができる仲間や友人ができてきたと思う
   　　　　　　5＿＿＿＿＿＿4＿＿＿＿＿＿3＿＿＿＿＿＿2＿＿＿＿＿＿1

7. デイケアで，いろいろな対人状況に対処できる行動や考え方を学んでいると思う
   　　　　　　5＿＿＿＿＿＿4＿＿＿＿＿＿3＿＿＿＿＿＿2＿＿＿＿＿＿1

8. デイケアの仲間と一緒に地域の中で，自分が楽しめる活動がだんだん出来るようになってきた
   　　　　　　5＿＿＿＿＿＿4＿＿＿＿＿＿3＿＿＿＿＿＿2＿＿＿＿＿＿1

9. 家の内外で家族としての役割が増え，少しずつ，責任をとるようになってきた
   　　　　　　5＿＿＿＿＿＿4＿＿＿＿＿＿3＿＿＿＿＿＿2＿＿＿＿＿＿1

10. 自立にむけて頑張ろうと思う気持ちがだんだん強くなり，いつか仕事も視野に入れたいと思うようになってきた
    　　　　　　5＿＿＿＿＿＿4＿＿＿＿＿＿3＿＿＿＿＿＿2＿＿＿＿＿＿1

デイケアに関するご意見をご自由にお書きください。
（裏面もお使いください）

## 自分のいいところをあげてみます！

作成者　前田ケイ

名前＿＿＿＿＿＿＿＿＿　　　記入日＿＿＿＿＿＿＿＿＿

自分のいいところ，自分のセールスポイントを覚えておきましょう
あてはまるところを○で囲んでください。

1. 健康である
2. 体力がある
3. 規則正しい生活をしている
4. 忍耐強い：苦手なことにも粘り強く取り組む
5. 責任感がある：与えられた仕事をきちんとやり遂げる
6. 明るい：何があっても，物事をよいほうに考える
7. 感情をコントロールできる：カッとならず落ち着いていられる
8. いろいろなアイデアを思いついて試してみることができる
9. 計算が得意である
10. 楽器の演奏ができる（ピアノやギターなど）
11. 料理が得意
12. 運動能力がある
13. 読書が好きで勉強が好き
14. 字がきれいに書ける
15. 整理整頓ができる
16. 事務能力がある
17. 人の話をよく聞き，人間関係を作りやすい
18. 人に丁寧で親切
19. わからないことは積極的に質問する
20. ユーモアがあり，人を和ませることができる

上に書いていない，あなたのよいところを書いてください。


自分のよいところを書いてみて，どんな感想を持ちましたか？

ご自分の担当する人を具体的に思い浮かべて，その人の役に立つアンケート項目を並べて作ってみましょう。前頁のアンケートは，一つの例だと思って参考にして下さい。

　このアンケートに記入したデイケア利用者で女性のKさんは，自分のよいところは，1．健康である，と4．忍耐強い，18．人に丁寧で親切の三つに○をつけました。さらに，アンケートになかった自分のよい点については「ささいな気遣いができる」と「細かい作業ができる」と書き，アンケートを記入した感想として「自分は取り柄がないと落ち込むことがよくあるけれど，こうして自分を見つめなおすと，長所はあると気づかせられた」と書いていました。

　支援者は，いろいろ工夫して，当事者が自分のよい点に気がつくように働きかけ，当事者をエンパワーしますが，このようなアンケートを使い，具体的な話を聞くことはモニタリングの役に立ちます。

　本書巻末にも，いろいろなアンケートを紹介しておきました。ご活用ください。

## 3．モニタリング面接の仕方

　「面接」というとメンバーの中には，自分の心配事だけを相談する時間だと思い込んでいる人もいるかもしれません。モニタリング面接では，「この面接は，どこまで，目標を達成できたかを考えて見るための時間です。いまやっていることで，これはこのまま続けていきたいと思っている行動は何でしょうか」と，本人がいまできているところから話を始めていきましょう。

　例：たとえば，「Aさんは，いまやっていることで，これはこのまま続けていきたい，これはリハビリが進んできた証拠だと感じていることはどんなことでしょうか？」と聞きます。ちょっと抽象的でわからない人がいるかもしれません。そのような時には「Aさんは，いつも朝，自分のほうから私たち職員に挨拶してくれますよね。すごく有り難くて，嬉しいことです。あいさつに関して，初めてデイケアに来られたときと今では，ご自分ではどう

感じておられますか？」「卓球をやっているメンバーにもご自分から挨拶されるほうですか？」「卓球は，どんなところがご自分の役に立っていると思いますか？」など一つの質問に一つずつ，メンバーの返事を待ち，交互に話し合うことを心がけ，話し合っていきましょう。「すっかり健康になっていると思える気持ちを10だとすれば，いまの自分の健康度は何点くらいだと思いますか？」などは最近よく使われている点数化の技法ですが，これは，とらえどころのない「心」の働きをはっきりさせてくれるので，役に立つ技法です。

　SSTなどは測定できる目標を立てる場合が普通なので，進歩を把握しやすいです。「あまり親しくない友達に自分から話しかけて友達を増やす」という3カ月先の目標を立てた場合には，最初のベースライン（基準値）が友達一人だったのが3カ月たって4人になっていたら，この目標に関しては，明確な進歩だといえます。

　この章の終わりに，札幌で多くの職員と共に意欲的な仕事をしておられる「ほっとステーション」の院長，長谷川直実先生の言葉を紹介します。「どんな技法も最初は教科書に載っていないし，エビデンスもない。デイケアはさまざまな治療技法を試せる場である。私たちが，デイケアの現場で実践経験とエビデンスを積み上げて発信していきたい」[注11]。

（注1）Dean H. Hepworth et al. : Direct Social Work Practice; Theory and Skills, 10ed., p.35, 2017.
（注2）『社会福祉士・精神保健福祉士養成講座12　ソーシャルワークの理論と方法』中央法規出版，p.42, 2021.
（注3）R.L. Barker, : The Social Work Dictionary, 2014.
（注4）池渕恵美『精神障害リハビリテーション—こころの回復を支える』p.79，医学書院，2019.
（注5）モニカ・マクゴールドリックほか（渋沢田鶴子監訳『ジェノグラム—家族のアセスメントと介入』金剛出版，2018）
（注6）日本デイケア学会編集『新・精神科デイケアＱ＆Ａ』中央法規出版，2016.
（注7）Barry R. Cournoyer : The Social Work Skills Workbook, 8th ed., p.410, Cengage, 2017.
（注8）池渕恵美『精神障害リハビリテーション—こころの回復を支える』p.77，医学書院，2019.
（注9）ジセラ・コノプカ『ソーシャル・グループワーク—援助の過程』全国社会福祉協議会，

p.235, 1967.

（注10）前田ケイ『基本から学ぶ SST—精神の病からの回復を支援する』pp.244-255，星和書店，2013.

（注11）巻頭言「デイケアはさまざまな治療技法を試せる場」デイケア実践研究，23 巻，日本デイケア学会，2019.

# 第 7 章

# セッションの展開でグループワーク原則を活かす

> グループ・セッション（会合）の準備をし，セッションを開始し，プログラム活動を展開し，セッションを終える，この一連の過程のなかで，グループワークの諸原則をどのように活かしていくかについて説明する。

　グループの会合は集会，ミーティング，セッション，例会（続けて集まりをもっている時）などと呼ばれています。この章では「セッション」という言葉を使いますが，それは単に私が言い慣れているからです。

1）セッションの準備をする，2）セッションを始める，3）プログラム活動を展開する，4）セッションを終える，この一連の過程においてグループワークの諸原則をどう活用していくかについて説明します。

　この章で取り上げる「グループワークの諸原則」は"10"です。

①個別化の原則

②波長合わせの原則

③メンバーの現状から始める原則

④即応の原則

⑤自己活用の原則

⑥サブグループ活用の原則

⑦メンバーの参加と相互支援を促す原則

⑧プログラム活動を展開する原則

⑨葛藤解決の原則

⑩フィードバックを求める原則

上記の原則はセッションを始める前の準備段階，セッションの最中，セッションを終えての振り返り，さらにメンバーやグループの目的達成のために，セッションとセッションの間にメンバーと面接するときにも意識して使われます。どの原則でもそれを実行するときに，支援者が「自分は何のために何を行っているのか」を意識できることが大事です。自分の行動をいつでも理論的に説明できること，これがプロの証<sup>あかし</sup>です。

## I　セッションの準備をする

### 1.「個別化の原則」を活かす

グループワークには「個別化の原則」が大事です。「人はみな違う」，こんな当たり前のことを私たちはつい忘れがちです。グループを構成している一人ひとりを独自の存在と認識し，個性を尊重しましょう。とくに治療的なグループの場合には，個人の持つニーズがグループの中で充足されるよう力を尽くします。

メンバーの個別化はグループワークの全過程で大事な原則ですが，準備段階で個別化するとは具体的にどうするのでしょうか。それは，今日予定しているプログラム活動が一人ひとりのメンバーにどのような意義や影響を持つのか，そしてどのようなチャンスになりうるかを事前に検討することです。さらにセッション中の相互作用を予想して，とくに注意して観察する必要があるメンバーは誰か，グループの中で誰にどのような役割（たとえば司会や板書をするなど）を担ってもらうことを提案できるかを考えておくことです。

個別化はグループにも必要です。これを「グループの個別化」といいます。一つひとつのグループは独自に発達するので，支援者はセッションを始める前に，自分が担当するグループについてよく調べておきます。定期的に開い

ているグループの場合にはセッションの準備として，前回の記録には必ず目を通しておきます。

## 2.「波長合わせの原則」を活かす

　波長あわせとはコロンビア大学の人気教授だったシュワルツ（William Schwartz）の概念です[注1]。シュワルツは一人ひとりのメンバーがその日，どんな気持ちで集まってくるかをあらかじめ想像してみる大切さを教え，この支援者の作業をメンバーに対する「波長合わせ（tuning-in）」または，「予備的共感（preliminary empathy）」と呼びました。

　メンバーは，支援者とは無関係のグループ外での出来事の影響をグループに持ち込むことがあります。たとえば家族関係のストレスです。同居しているアルコール依存の父に暴力を振るわれ，寝不足のままグループに参加する場合があるかもしれません。メンバーが日頃，どのような環境で暮らしているかをよく把握しておくことが大事です。

　支援者の共感能力を高め，良い波長合わせができるいい方法があるでしょうか。多くの支援者は身体に大きな障害を持たず，また精神疾患を経験したこともないので，そのような支援者が当事者グループを担当する場合，メンバーに対する波長合わせをどう行ったらいいでしょうか。子育てをしたことのない支援者が子どもの問題に悩む親の会を担当する場合も似たような状況です。以下は私の考えです。大事なのは，

　①日頃から当事者の話をいろいろな場面で聞くように心がける。
　②関連するテーマで書かれた当事者や関係者の手記・伝記などをできるだけ多く読む。
　③先輩支援者の話をよく聴く。
　④当事者にはいつも学ぶ姿勢で接する。

## 3.　グループに初めて参加する者が抱く疑問

　シュルマン（Lawrence Shulman）は，よく知られたグループワークの実践者・研究者ですが，シュワルツの波長合わせの概念を発展させました。

シュルマンは，初めてグループにくるメンバーに波長合わせをしてみると，彼らはみな，以下のような疑問を抱いて集まってくるだろうと述べています(注2)。

①この支援者はいったい，どんな人なのか？
②このグループの目的は何なのか？
③ここでやることは自分にとって，どんな役に立つのか？
④ここにいる他のメンバーはどんな人なのか？
⑤自分は支援者やグループメンバーに受け入れられるだろうか？(注3)

　私は上の五つの疑問を読んだとき，すぐ更生保護施設でのSSTグループを思い浮かべました。メンバーが自分から望んでグループにくることはまれで不安が大きいからです。更生保護施設とは更生保護事業法に基づいて作られている施設で，刑務所等を出所してきた人たちの保護や改善更生を支援しています。全国にある104の施設のうち，いま大体30施設以上でグループSSTが行われている様子ですし，個人SSTを行っているところはもっとたくさんあるようです。そのようなグループに参加してくる「寮生」（当事者）の皆さんには，とくにシュルマンがあげた，この五つの疑問になるべく早く答えることができるよう，グループの運び方を工夫しなくてはなりません。更生保護施設でのSSTは容易ではありませんが，実に有意義なので，じっくりかまえて実践しましょう。やっと社会に帰ってきて，不安でいっぱいの人たち，スキルレベルが多様な人たちの集まりは一見，マイナス要因のようですが，小さな成功体験でも大きな自信になる可能性がありますし，互いに教え合う可能性が大きいプラスの面があります。支援者はすべてを自分がやらなくては，と思うよりも，参加者が互いに助け合うようなグループの運び方を心がけるとグループの持つ力が生きてくるでしょう。支援者は「大丈夫だ。みんなで助け合えばいい」と自分に言い聞かせて準備にあたりましょう。ここらへんになると，デイケアの職員にも同じことがいえるかもしれません。

## 4. セッション前にスタッフの打ち合わせをする

複数のスタッフでグループを担当しているときは，事前の打ち合わせが大事です。

### 1）情報の交換

その日に参加する個々のメンバーについて，前回から今日までの間に重要な出来事があれば情報を交換します。その日の各メンバーの体調について注意すべき点があれば報告しあいます。

### 2）セッションの打ち合わせ

その日のセッションの担当者がグループの計画を話します。SST セッションの場合，誰がどんなウォーミングアップ活動を担当するか，宿題報告があるか，練習したい課題を持っているメンバーは誰か，どのような練習課題を提案できるかなどを打ち合わせます。できればその日の SST リーダーをするスタッフが，打ち合わせのために，160 頁にあるような計画案を用意しておくと便利です。

## 5. 事前に会場をチェックしておく

会場の広さは適切か，どこに白板を置くか，椅子や机の配置をどうするか，光線または照明の条件はどうか，円形で座るとき逆光で顔がよく見えなくなる人はいないかなどを確かめておきます。SST のときは椅子だけの会場にし，椅子の配置を考えます。支援者用の椅子を必ず用意してセッションの間，支援者が立ったままでいないようにします。見学を希望する参加者のための椅子も用意します。いつも非常口がすぐ使える状態になっているかを調べておきます。

## 6. 会場をつくる

人数分の座席を用意します。事業所によっては，利用者と一緒にグループ

〇年〇月〇〇日

リーダー：前田ケイ　コリーダー：山田和夫　　記録者：小林春美

①メンバーによる司会者〈以下，メンバー司会者という〉を決める

②開会の言葉

③ウォーミングアップ活動：変形フルーツバスケット

④宿題報告予定者：松田さんの宿題：食事の時，自分から兄に話題をふって少し長く話す。宿題は達成。次は誰と話して，そのスキルの定着をはかるか，本人と相談すること。

⑤今日の練習希望者：山本さん：就職面接の時に"病気"のことを適切に説明する。その展開：病気は仕事との関連で話すように，ポイントを絞る，とくに"病気"があってもできる作業内容と病気のために職場で配慮してもらいたいことは何かを伝える練習をする。

伊藤さん：団地の当番を引き受けたので，それをみんなに説明し，うまく責任を果たすためにメンバーから助言をもらう。

⑥見学者に：今日はS事業所から見学者がくるので，「コミュニケーション教室」についての感想をメンバー全員から見学者に話してもらう。

⑦担当スタッフから次回の予告：来月は「母の日」があるので，母，または母代わりの人に感謝を伝える練習の希望者を聞く。佐藤さんに勧めてみる。

⑧メンバー司会者によって，各メンバーから今日のグループに参加した感想を話してもらう。

⑨メンバー司会者による終わりの言葉　　　以上

---

の場所作りをするところもあるでしょう。これはメンバーとの関係を深めるよい機会になるので意識してこの機会を活用します。SSTの場合，リーダーの席をメンバーからやや離して特別に用意することは避け，あくまでもメンバーとの平等性を保つため，支援者の椅子はメンバーの輪のなかに普通に置きます。その日，隣に座ってサポートすることが必要なメンバーがいるならば，コリーダー（共同リーダー）はその人のそばの席に座る予定を立てておきます。

---

## SST ふりかえり用紙

今日の練習内容＿＿＿＿＿＿＿＿＿＿＿＿＿＿　　名前＿＿＿＿　　記入日＿＿＿＿

　今日の練習の内容を振り返って記入してください。みなさんが記入した用紙は SST の内容を改善するために使います。みなさんの成績に関係することはありませんので，思ったまま自由に書いてください。

1. 今日の練習は興味深かった
　　その通り 5 ＿＿＿ 4 ＿＿＿ 3 ＿＿＿ 2 ＿＿＿ 1 ＿＿＿ 0 その通りでない

2. なぜ，そう思いましたか？

3. 今日の練習は役にたった
　　その通り 5 ＿＿＿ 4 ＿＿＿ 3 ＿＿＿ 2 ＿＿＿ 1 ＿＿＿ 0 その通りでない

4. なぜそう思いましたか？

5. あなたがこれから練習してみたい課題はありますか？

6. 練習についての質問，希望，感想などを自由にきかせてください

---

（琉球大学　水野良也教授の少年院におけるアンケートを参考にしたものです）

## 7. 必要な用具などを用意し，点検しておく

　心理教育のためにパワーポイントなどを使う必要があれば，必要となる機材，人数が多いときは，マイクの準備と音量のテスト，白板とマーカーの用意（SST のときなどは，太くて見やすいマーカーを2色は用意する），その他，セッションの目的に応じて使うものを準備します。

　フィードバック用の用紙を使うときは，会の終わりに配付できるように，事前に用意しておきます。上記のふりかえり用紙は少年院の SST 参加者に使われたものですが，参考までに紹介しておきます。

# II　セッションを始める

## 1. メンバーよりも早く会場に行き，メンバーの到着を迎える

　支援者は会場にいて，一人ひとりがどのように会場にくるかを注意深く観察します。メンバーを笑顔で迎え，自分から挨拶します。新しく参加する人がいれば，声をかけ，すでにきているメンバーを紹介するなど，新人の居心地がよくなるように配慮します。

　支援者が「ちょっと苦手」と感じるメンバーがくるかもしれませんが，そんなとき支援者はむしろ自分から思い切ってその人に声をかけましょう。避けていると一層心理的な距離が広がるおそれがあるので，むしろ積極的に話しかけましょう。短くていいのです。笑顔と開かれた態度が大事です。

　椅子で，円形に座るときは，いま来ている人の数だけの椅子を置き，遅れてきた人はその都度，椅子を自分で円のなかに入れて参加するようにします。

## 2. セッションを正式に始めることを告げる

### 1）支援者は自己紹介し，会の目的を確認する

　時間がきたら支援者は自己紹介し，会を始める挨拶をします。わかりやすくグループの目的を話し，希望を伝える挨拶をしましょう。

　リハビリテーションを進めるためのグループの目的はメンバー同士が互いに助け合って，自分たちの課題達成のために一歩でも前進することなので，その趣旨をメンバーがわかりやすいように工夫して伝えます。

　たとえばSSTの方法を使ってコミュニケーションを学習する場合には「私は○○といいます。この会の進行の責任をとります。これからコミュニケーションの練習をみなさんと一緒にしていきます。今日もきっと新しい発見があり，みなさんのコミュニケーション力があがっていくでしょう」と笑顔で伝えるのはどうでしょうか。きっと楽しくなると思います。

　更生保護施設でのSSTグループの場合には，メンバーが絶えず入れ替

わっているので，もう少し丁寧に会の目的を説明します。たとえば「私たちは毎日，さまざまな人と関わりながら生活しています。寮内の人，職場の人，職場を訪ねてくる人，役所関係の人，お店の人などがその例です。そのような人たちと必要なコミュニケーションがとれるように練習していきます。人づきあいはできていると思う方は話し合いのとき，ぜひいろいろとご意見を言って下さるようお願いします。みんなで助け合って，役に立つことをたくさん学んでいきましょう」などです。

## 2）今日のプログラム活動の時間的枠組みを確認する

　　読者の皆さんのなかには，施設で初めて SST のグループを作ろうと計画する場合があるかもしれません。SST 導入の初期には，たとえばセッションが1時間の予定ならば，30分経ったら休憩時間を入れるように計画すると，ほっとするメンバーがいるでしょう。休憩時間というリラックスタイムに個々のメンバーに話しかけて，フィードバックをもらったり，わからないことを聞いてもらったりすれば，グループの雰囲気を変えることができるでしょう。

## 3）支援者とメンバーの役割についてオリエンテーションをする

　　この作業は，初めてグループをスタートするときにとくに大事ですし，新しいメンバーが入ったときにはその都度，ある程度くわしい説明が必要になります。

メンバーの役割で望むこと：
　①課題達成のために自由に発言し，参加してほしいこと。
　②楽しいグループづくりに，みんなで互いに協力してほしいこと。
支援者の役割は：
　①一人ひとりが安心して発言し，行動できるようにメンバーを守ること。
　②グループが目的を達成できるように全力で協力することです。
　1回で信頼や理解が得られないときは何回でも機会を捉えて具体的に説明します。

## 4）参加のルールを確認する

　どんな目的のグループかによってルールは違いますが，話し合いに「言い放し，聞き放し」のルールがある場合には，それを真っ先に確認します。SST を行うグループの場合には，発言したくないメンバーは発言を「パス」できるパスルール，プライバシーの尊重（個人の発言内容はグループの外で話さない），質問の自由などを大事にするほか，途中で見学席にいくことも自由であることや「円内見学」を選ぶことができると伝えます。

　**円内見学**とは，SST のために私が作った言葉ですが，「輪の中に座ってはいるけれど，見学者としていっさい発言はしなくてもいい状態でグループに参加する」ことを指しています。半年も SST の様子を見学していた人に「円内見学」を勧めました。この方は輪の中に見学者として 2 回参加して，3 回目からは，ほかのメンバーと同じように参加できました。個人差はあっても輪の外で見学を続けるよりも円内見学はグループにフルに参加することを早める効果があります。

　「トイレなど断りさえすればいつでも行ける」というルールも安心を保証するために大事です。「質問はいつしてもいい」のルールはクライエント第一の態度を伝えるものです。もちろん，支援者はメンバーが質問しなくてもよいように，できるだけわかりやすい言葉でゆっくりと話し，大事なところは繰り返して説明することを心がけます。


【例】慣れると自分の座るところも変わる

　グループ SST の女性メンバーの一人は緊張しやすいので，始めのうちはいつでもトイレに行ける入り口に近い場所に座っていました。だんだんグループに馴れてくるに従い，座る場所が入り口から遠くなり，とうとうトイレにも行かなくなりました。


## 5）メンバーの自己紹介または近況報告をする

　10 名までの小さなグループで，まだお互いをよく知らない場合には，

自己紹介をしてからグループ活動に入るのが普通です。どういう人が集まっているのかを知るのは参加者の不安を減らすからです。場合によっては「そのグループの中だけの好きな名前」を選んでもらってもいいので，よく考えて計画します。更生保護施設のSSTグループなどではメンバーが絶えず入れ替わるので，どんな人が集まっているのかを知るのは，とくにメンバーに安心感を与えます。簡単な自己紹介，たとえば名前のあとに好きな食べ物などを言ってもらうのもいいでしょう。出身地などのプライバシーに関わる情報を開示する活動は避けます。できるだけやさしい表現を使い，参加しやすいように気をつけます。巻末付録にある「スピーチ・カード」を活用するのもいいでしょう。

　定例的にやっていてお互いをある程度知っているグループの場合には，近況報告や「この週末はどう過ごしたか」などについて，ちょっとだけ話してもらうのもいいでしょう。

　このような自己紹介がウォーミングアップ活動の役割を果たし，グループがすぐ課題に取り組む準備ができていれば，次のウォーミングアップの項目にはあまり注意をむけなくてもいいでしょう。一番戒めたいのはマンネリ化です。「いつも通り」やっていませんか？　グループの新しい発展を工夫する余地はないでしょうか。

## 6) 必要に応じてウォーミングアップ活動をする

　本来のプログラム活動に入る前に参加者の緊張を下げるためにする活動を英語ではアイス・ブレイキング（ice breaking）の活動といいます。氷のように緊張して動かないグループの状態を動かすというイメージが目に浮かびますね。みんながリラックスして話が弾むように，仲間をもっと知ることができるように，またグループの中で個々のメンバーの出番を作るようになど，ウォーミングアップ活動はいろいろな目的を考慮に入れて選択します。

グループは絶えず変化していくので，いまのグループの状態はすでにウォーミングアップ活動を必要としないほど発達し，メンバーは開会と同時

に課題に取り組む準備ができていませんか？　支援者はグループの様子に注意し，必要がないのにウォーミングアップ活動を習慣的に行うことがないように気をつけましょう。いろいろな目的に使われる 60 のウォーミングアップ活動を紹介した私の本が新装改訂版として 2021 年に出ていますので，よかったら活用して下さい<sup>(注4)</sup>。

## Ⅲ　今日の主要なプログラム活動を始め，展開していく

　その日の課題である主要なプログラム活動を開始し，展開していきますが，その中でいろいろなグループワーク原則を活かすための配慮について説明します。

　グループが行う活動，つまりプログラム活動は参加するメンバーの目標達成のために行われる活動で，そのサービスを提供する組織体の目的にもかなうものです。これから行おうとする活動が本当にメンバーにとって興味や関心があるものなのかどうか，この大事な点を見逃さぬように，次の原則を覚えておきましょう。

### 1.「メンバーの現状から始める原則」を活かす

　これはソーシャルワークで昔から言われてきた原則で，英語では，Start where they are. と言います。メンバーがいるところから始める，とは別の言葉でいえば「現状から始める」こと，つまり，メンバーがいま一番関心のあること，メンバーがいま持っている能力，取り組む課題に対してメンバーの準備性の程度が，この原則でいう「現状」です。第 1 章で特別支援学校の依田先生が，まず，自分の生徒が興味を感じるキャラクター「ドラえもん」の良いところ探しから始めて，次第に本来の目的である自分の良いところを見つけるように工夫したことを述べました。私の場合，「メンバーの現状から始める」ことの大切さを本当に理解したのは，実習先での失敗体験からでした。昔のことですが，それを紹介します。

【例】国連について学ぶより目の前の機械にさわりたい

　私が大学院1年のとき，ニューヨーク市のマンハッタン島にあるコミュニティ・センターで実習したことは前にも述べましたが，そのときに担当したグループの一つに小学校4年生の子どもグループがありました。それはサービス・グループという名前で子どもたちにボランティア活動を奨励する目的でメンバーを募集したものです。子どもたちに会う前に，私は子どもたちに何をしてもらうか，つまり，どんなプログラム活動を計画したらいいのかに頭を悩ませました。実習が始まる10月には国連デーがあります。10月24日です。私はニューヨークの国連本部事務局を訪れて，ユニセフの活動を示すフィルム・ストリップを借りてきました。いまはもう使われない機械ですが，それは映画のフィルムのようになっているものを機械に巻き込んで，一枚一枚の写真を手動で壁に映して見るものでした。子どもたちが住んでいるニューヨーク市に本部がある国連ではユニセフという組織を作って「国際協力」を進めていました。子どもたちのサービス・グループにとって，国際協力を学ぶことは大事だろうと私は思ったのです。

　ところがグループに機械を持ち込んで写真を見せようとすると，どの子も自分でその機械を動かすことに夢中でした。私は「順番！　順番！」と叫んで，子どもたちにじゃんけんのやり方を教え，勝った人を先頭に1列に並んでもらい，順番に一人ずつ機械を回してもらいました。何が映っているかに関心を向ける子どもは一人もいませんでした。子どもたちのいるところ（現状）は機械を動かして壁に写真を写すことだけでした。

　結局，その日子どもたちはどんな経験をしたのでしょうか。知らない機械にさわった喜びと順番をきめる「じゃんけん」を知ったかもしれませんが，それ以外にはまったく気持ちが向かなかったのです。予想もしていなかった現状，でもそこから始めることが大切だと私は学んだのです。実習先のスーパーバイザーの助言は「何をするか，ワーカーのあなたが心配するよりも，子どもたちに何をしたいかを聞いてみなさい」でした。それを実行し続け，やがて子どもたちは地域の病院に入院している知らない子どもたちにスクラップブックを手作りして慰問する，心温まるボランティア活動ができました。

## 2. 「即応の原則」を活かす

　セッションを進めるための計画を事前にたてていても，グループにはいつどんな変化が起きるかわかりません。支援者は立てた計画に固執せず，そのときどきのグループの変化に応じて，柔軟に創造的に新しい活動を導入したほうがいい場合があります。これを「即応の原則」といいます。ソーシャルワーカーの専門的スキルに関する人気の教科書を書いたコーノヤー（Barry R. Cournoyer）はこのスキルを「即応的に行動するスキル（responding with immediacy）」と概念化しています[注5]。

　以下，グループワークの中で即応の原則を活用した三つの例を紹介します。①セッションの前に起きたことでプログラムを完全に変えた例，②セッションを予定通り始めようとしても始められないので，別の活動を導入した後，予定のプログラムができるようにした例，③セッションの途中でグループに変化が起きたので，今やっている活動を一時ストップして，別の活動を導入後，再び予定の活動に戻っていった例です。


【例1】メンバーの死去を知って，「グリーフワークの集まり」に変える

　プログラムを完全に変える必要性が一番高い時はメンバーの突然の死（病気，事故死，自死など）に直面した場合です。私はこれまでに，このような悲しい出来事に数回出会いました。メンバーも支援者も大きな衝撃を受けますので，仲間のメンバーの死を知った最初のセッションは，必ずプログラムを変更し，みんなで亡くなったメンバーを偲び，ご冥福を祈るグリーフワークのセッションにしてきました。もし，準備ができれば，話しの輪のなかに，ご本人の写真を置いた椅子を用意します。

　運び方は次の通りです。まず，このセッションの目的を話します。

　「今日は○○さんを偲んで，自分のいろいろな思いを言葉にし，みんなで気持ちを分かち合いたいと思います。○○さんとの大切な思い出，○○さんに，こんな事をしてあげたかったのに，ごめんね，という気持ち，自分のこの気持ちをぜひ○○さんに伝えたかったなど，自由に話してみましょう」な

どと具体例をあげると助けになるでしょう。

　私の体験では，一人ひとりが故人の思い出を語り，自分のいまの気持ちを分かち合っているうちに，だんだん気持ちが落ち着いてきて，これまでほかの人が知らなかった故人の微笑ましい話やユーモラスな思い出も話され，涙を浮かべたまま，みんなで微笑むこともありました。一緒に語り合うことによって，心の痛みが少しは癒やされ，故人との出会いを感謝できるよい時間に変わっていきました。

【例2】　メンバーの間で喧嘩があった

　T病院のデイケアでは毎週，決まった曜日の午後にSSTをしていました。私はボランティアでSSTリーダーをやりに行っていました。ある日のことです。スタッフの打ち合わせで，前の日に男性メンバーのAさんとBさんの間に何か気まずいことが起こり，AさんがBさんに殴りかかり，Bさんの眼鏡が飛ぶ事件があったと報告されました。みんなが止めに入って争いは収まり，二人は看護師さんと面談して一応和解し，二人とも今日はデイケアに来ているので，SSTグループにも参加するとのことでした。いまは落ち着いていると聞いたので，私はプログラムを変更する必要はないと思っていました。

　ところが，実際にグループを始めてみるとどうでしょう。メンバーはみんな沈黙のまま下向き加減なのです。AさんもBさんも，そしてほかのメンバーも誰一人，私に視線を合わせる人はいません。いつもの元気はどこに消えたのでしょう。

　私は急いで予定を変え，次のように言いました。「みなさん，生きていればいろいろなストレスがありますよね。まず，SSTの前に自分のストレスをここに捨ててしまいましょう。」私は立ち上がり，グループの真ん中まで歩いて行き，自分の肩から荷物を下ろすジェスチャーをして，目に見えないストレスをその場に置きました。「さあ，誰でもストレスを捨てに行って下さい！」嬉しいことに何人かのメンバーが立って無言のまま，自分のストレスを真ん中に捨てに行ったのです。それを見ていたAさんが「オレはストレスが強すぎて立てねぇや」というと，両隣りのメンバー二人がさっと自発

的に手を出してAさんを立たせてあげました。Aさんは支えられながら歩いていって，真ん中の場所に自分のストレスをドカンと置きました。残りのメンバーも自分のストレスを捨てに行きました。私は，みんなのストレスを眺めて，「わあ，すごいストレスの山!! Cさん，Dさん，Eさん，3人でこのストレスを雪だるまのようなボールに固めて下さい。それを3人で転がしてもらいますので，Fさんドアーを開けてくださる？ はい有り難う。このボールを部屋の外に転がしてしまいましょう」3人は力を合わせてイメージのボールを部屋の外に転がせるとFさんはさっとドアーを閉めました。私はニコッと笑って，「さあ，いつものSSTを始めましょう」といいましたら，全員が笑顔になり，いつもの明るい雰囲気が戻ってきてそのあとは，予定通りのプログラム活動に入ることができました。ここでは，私のサイコドラマでの経験が役に立ちました。

【例3】SSTの練習を中断し，家族関係を考える時間をとる

この例は一人のメンバーの真剣な発言で，メンバー全員の関心がいま取り組んでいる課題から離れた時のことです。それはみんなにとって見過ごすことのできない深い感情を含んでいるので，支援者はいまの作業を中断してでも，「いま，ここ」での作業をすることが必要だと判断した例です。

SSTのグループでみんなが大きな輪を作って，女性メンバーKさんの練習を見ていました。Kさんは，毎晩のように母親に「早くお茶碗を洗ってしまいなさい」と催促され，腹を立てながら皿洗いをしているので，自分の気持ちと行動を変えたくてグループのみんなと相談し，新しい行動の取り方を決めました。それは母親にいわれる前にお皿を洗うことにし，お皿を洗いながら心の中で自分を褒めるのです。実際にKさんが練習したのは，お皿を洗いながら「春が来た」のメロディーにのせて，「あんたはえらい，あんたはえらい」と小声で繰り返し歌いながら，皿洗いを続けるのです。その練習の様子を，みんながニコニコしながら見守りました。

Kさんの練習が終わったので，メンバーは口々にKさんの良かったところをKさんに向かって伝えました。ストレスがありながらも，なんとか折

り合って家族の中で自分の役割を果たしている K さんをみんながサポートする暖かい雰囲気がグループを包みました。すると突然，30 代の男性 Y さんが「オレなんか，もう 10 年も弟と口をきいていなくてさ」といいました。いままでの暖かい雰囲気がさっと変わって Y さんの心の痛みをみんなが感じとり，沈黙が場面を支配しました。

　支援者は静かに全員に向かって，それぞれの椅子を前に出して，小さな輪になるように頼みました。8 名が前に動き，身体を寄せ合って小さな輪になり，お互いの顔がよく見えるグループ場面になりました。支援者はみんなにいいました。「ちょっと，SST を中断しますね。K さんがもう 10 年も弟さんと口を聞いていないといわれたので，少しだけ自分の家族関係について考える時間にしましょう。K さん，何かもっと話したいことがありますか」K さんは「オレ，具合が悪いとき，弟をなぐったりして。もうずっと兄貴らしいこと，何にもしてやってないんだ……」といいました。みんなはしばらく黙って考えていました。支援者が K さんの顔を見ながら「弟さんに兄貴らしいことをしてあげたいんですね」と尋ねますと K さんはうなずきました。みんなはまだ考え込んでいました。すると今度は O 子さんが「私のことだけど，母さんは毎日デイケアに行って偉いね，というけれど，仕事もしてないのに偉いなんていわないでよ，と心の中で反撥して，この頃母さんとはあまり口をきいてないの」とみんなに話しました。みんなはさらに考えこんでいました（自分の家族関係についての発言はしばらく続きましたが，あとは省略します）。

　支援者は「自分の思いを口にしてみると，これからどうしようかと改めて考えるきっかけになりますね。この状況を少しでも変えてみようと思うとSST を含めて，いろいろな取り組みができるので，また一緒に考えましょう。個人面接を希望する方がいれば，あとで時間などを相談しましょうね。とても良い話し合いになりました。さあそれでは，まだ今日の SST で練習する予定の方が残っていますので，SST を再開しますね。皆さん有り難うございました。椅子を戻しましょう」

　その声でみんなはまた，大きな輪にもどりました（注：大きな輪にしてス

ペースを広げるのは，SST のなかでは，場面を作りロールプレイで行動練習をするために，やや広いスペースが必要だからです）。

このようにグループの感情の動きに合わせて，適切な場面構成を考えるのも支援者の大事な仕事です。

## 3.「自己活用の原則」を活かす

支援者が自分自身を支援の道具として活用する Use of self という概念は昔からソーシャルワークの専門教育のなかで教えられてきました。私はこれを「自己活用の原則」と呼びたいと思います。

その一つの例は，認知行動療法を基盤とする支援のなかで，支援者が自分自身を意識的に利用者のモデルとして行動する場合です。ある就労支援施設に働く職員の発言を反面教師として，この原則を学んでみます。

【例】モデルとして発言することについて考える

ある日，私は A という就労支援事業所のグループ・ミーティングにお客さんとして参加させてもらいました。その日初めて参加する利用者が一人とお客さんである私の二人がいるので，当日のグループは，メンバーの自己紹介と近況報告から始まりました。

グループ担当の職員は，「それでは私から始めます」といって，明るく自分の名前を告げたのち，近況報告として週末にショッピングに行った話を楽しそうに1分以上話しました。世間話としては百点満点でした。まだ若い熱意にあふれる福祉学科卒業の女性職員でした。

しかし，私の意見は次の通りです。「私から話します」といった職員は，みんなに近況報告のお手本（モデル）を見せるつもりだったと思いますが，その日初めて参加した人が自分のことを1分以上も話せるかどうか。1分というのは8から10くらいの文章が話せる結構長い時間なので，人の前で話すのに慣れない人には心理的負担を感じさせるかもしれない時間の長さです。また5人のメンバーのなかには，ショッピングに行くほど回復していないか，経済的な理由から買い物を抑えている人がいると思います。それを考

えたらモデルとしての職員の話は，人の前で話すことに慣れない人も話せる
ように30秒くらいの短い話にする，どのメンバーでも話しやすい話題（た
とえばテレビで野球を見た話など）を意識して選ぶという二つの配慮が必要
でした。これらを意識すれば自己活用の原則にそった行動がとれます。しか
しこのような行動は，実はやさしいようで，ほんとうは訓練されなければ難
しい行動なのです。

　一般にアメリカの専門ソーシャルワークの現場には，熱意はあるがスキル
が十分でない新しい専門職員には必ずスーパーバイザーがつき，専門職とし
ての成長を助けるシステムがあります。実際に私が就職したアメリカのコ
ミュニティ・センターでは，1年目の私のためにスーパービジョンの時間が
毎週確保されていました。その時間には実に多くのことを教えてもらいまし
た。クライエントの目標達成のために自覚して自分を活用するには，支援者
に多くの経験と勉強が必要で，スーパービジョンは経験を理論と結びつけて
くれる時間になりました。

　もう一つ，自己活用の例をあげます。それは「自由なコミュニケーション
を促すために，支援者である自分が動く」という実践です。グループにはグ
ループ内でのコミュニケーションに伴う距離と高さの課題があります。たと
えばSSTのセッションの時です。メンバーによってはグループの輪のなか
で自分と離れて座っているSSTのリーダーとの距離はとうてい自分が自由
に発言できる距離ではないと感じている人がいるかもしれません。リーダー
である私が動いて，本人のそばに立つとリラックスしてそのメンバーが発言
してくれるばかりでなく，隣に座るともっとリラックスして，もっと長く話
をしてくれることを何度も経験しています。座ると私の目線が本人と同じ目
線になり私自身がリラックスするので，メンバーはずっと話しやすくなるよ
うです。そこで私のSSTのセッションでは，支援者やメンバーが必要に応
じて座る場所を自由に変えるようにメンバーに協力してもらいます。「○○
さん，ちょっと私と椅子を替わってもらっていいですか？あなたは，あちら
の椅子に動いて頂けますか？」とお願いして，特定のメンバーに移動しても
らい，その結果，私が話したい人の隣に座るとそのメンバーがもっとリラッ

クスして長く発言できるようになります。協力して椅子を替わってくれた本人もその様子を見守っています。

　病院のSSTでスタッフがセッションの間中，立ちっぱなしの様子を時折見かけましたが，これは改めた方がいいと思います。

　私は距離や高さの課題を意識した結果，大学の授業や研修でも教壇に立ってだけいないで，学生や受講生の間を歩いて「質問はありませんか」と聞くと，学生や受講生がもっとリラックスして自然に質問できることに気づきました。コミュニケーションにおける距離と高さの課題を克服するために自分から意識的に近づき，距離を縮めるのも自己活用に入れたいと思います。

## 4.「サブグループ活用の原則」を活かす

　サブグループとは「下位集団」ともいわれ，一つの大きな集団（上位集団）のなかの小さな集団（下位集団）のことです。ここでは三つのサブグループ活用の例をあげます。

　①ペアやトリオなどの小グループを作る。

　　グループのサイズが大きすぎて，不安で発言できない人がいる場合に小さなサブグループで安心して交流できるようにする。

　②フィッシュボウル／金魚鉢技法を使う。

　　同じ属性の人たち，たとえば当事者同士，家族同士，男同士，女同士などのサブグループを作って，一つのグループが話すのを他のグループメンバーが耳を傾け，互いに相手の考えや気持ちが理解できるようにする。

　③「リフレクティング」という面接のやり方。

　では，この三つのやり方の実例を紹介します。

【例1】緊張が高いTさんが笑顔で話した

　いつもデイケアのSSTグループのなかで，非常に緊張して座っている男性メンバーTさんがいました。高齢のお父さんとの二人暮らしで，お父さんと話し慣れている「宗教」と「戦争」の話以外の話題でメンバーと話せるように

なりたいと SST グループへの参加を希望しました。Tさんは，毎回セッションの終わりの感想で短く「緊張しました」と同じことを言うだけでした。

あるとき，私は自分で「言葉カード」と名付けたカードをグループに持って行きました。これはウォーミングアップ活動用に作ったもので，雑誌などから切り抜いたキャッチコピーを図書カードくらいの小さなカードに貼り付けたものです。飛行機に乗ったときなどに「ご自由にお持ち帰り下さい」と書かれた雑誌を持って帰り，使えそうなコピーを見つけてはハサミで切り抜き，カードに貼ったのです。「大きくなって帰っていらっしゃい」という投資信託のキャッチコピーなどを思い出します。

その日の SST 参加者は，スタッフも入れて 14 人でした。私は 20 枚くらいの言葉カードをフロアーに広げて置き，メンバーに好きなカードを拾ってもらい，自由にペアを作ってもらいました。すぐカードを拾い上げる人もいれば，なかなか決められない人もいましたが，やがて全員がカードを手にペアを作りました。「これから 7 分差し上げますので，自分が選んだカードについて自由に相手に話して下さい。相手も自由にお返事をしてあげてください。3 分経ったら合図をします。それから交代して，また自分のカードについて自由に話し，相手も返事をしてあげてください。質問はありますか？では無いようなので，どうぞ始めてください」

七つのペアが一斉に話しはじめました。みんなが同じように作業しているので，自分たちの話を誰にも聞かれませんし，グループ全体の注目をあびることもありません。全員がリラックスして話し合っていました。

私は全体の様子を眺めながら，会場を歩きまわっていましたが，Tさんたちのそばを通ったとき，Tさんの声が聞こえました。Tさんは自分が選んだ「笑顔，かけ声あふれて」というカードを相手に見せながら，リラックスした様子で微笑みながら「オレにはこれが欠けているから，こうなればいいと思って」といっていました。自分の気持ちに合う言葉を見つけて，Tさんは自分の気持ちを相手に伝えることができましたし，緊張しないだけでなく微笑んで話していました！

【例2】 金魚鉢（フィッシュボウル）技法を使う

　C就労支援事業所では，ある夜，当事者と当事者の家族との集会を持ちました。参加者は当事者6名，家族10名。はじめにみんなで解決したい課題をあげて，自由に意見交換をしました。参加者たちは「服薬のこと」や「当事者が使う小遣い」のことなど，それぞれの立場から自由に発言してグループが進んでいきました。

　次に一人のお母さんが「息子の部屋がとても散らかっているので悩んでいる。いろいろ注意しても全然効果がない」と自分の悩みを話しました。この訴えについて，司会者はこれまでの自由な話し合いの方法とは違う技法を取り入れました。

　司会者は，当事者全員に自分たちの椅子を前に出して，円のなかにもう一つの円を作るように依頼しました。できあがったのは当事者6人のグループで，司会者はその輪のなかには入りません。司会者は当事者グループに「部屋を片付けること」について自由に話して欲しいと頼みました。当事者はお互いの顔を見て話すので親たちの顔は見えません。当事者Aさんは仲間を見ながら，やりたいことがいっぱいあって，パソコンを開いて，いろいろ読むのに忙しく，部屋を片付ける時間がないといい，当事者Bさんは，「散らかっているようだけど，自分なりに秩序があるので，下手にほかの人に触られると大変なことになる」と言いました。当事者Cさんは部屋を片付けようと思っても，自分の悪口を言う正体不明の声が聞こえてきて落ち着かないから，つい部屋から外に出て歩きまわるんだと言いました。話し合いはとても活発でした。「もう大人なんだから，あまりあれこれ言われたくない」というDさんの意見にはみんなが笑いながら賛成していました。話し合いは7〜8分で終わりましたが，同じ立場にいる仲間なので大変盛り上がりました。

　この方法は**フィッシュボウル（金魚鉢）**という技法で，私はカナダの家族療法家から習いました。内側のサークルの人たちは泳ぎ回る魚のように自由に発言し，外側のサークルの人たちはその魚を見ている人のように，内側の人たちの話に耳を傾けるだけなので金魚鉢技法というのです。当事者のいろいろな意見を聞いて，問題提起をしたお母さんは「息子の気持ちがわかりま

した。もう本人に任せておきます」と笑いながら話していました。

　私は，この金魚鉢技法を当事者の親だけの会でも使うことがあります。家族会ではいつも父親の数が母親よりは少なく，父親の発言があまり活発でない時がよくあります。そんな時，父親だけのグループを内側に作って自分たちだけで発言してもらうと，父親たちが活発に意見を述べ，グループが活性化する経験をしています。これには最小限3名の男性が欲しいと思いますが，人によっては，2名でも男性同士が内側の輪で「対話」するのを母親たちが耳を傾けるといい結果が生まれるでしょう。「男はすぐ，仕事に逃げて……」と非難していたお母さんが「残業して一銭でも息子に残してやりたいと思って遅くまで働いている」という男性の発言に「私の考えが浅かったかもしれない」と反省したこともありました。

　更生保護施設でも人数が適切であれば，会合のなかで「今，仕事に就いている人」に内側の輪に入ってもらい，職場の苦労などについて話すのを外側の「仕事を探している人たち」に聞いてもらうことができるでしょう。

【例3】リフレクティングという方法を試してみました

　リフレクティング（reflecting）とは英語では反射という意味ですが，『リフレクティング：会話についての会話という方法』という矢原隆行氏の本を読んで，この本でいうリフレクティングとは「何事かをじっくりと聞き，考えをめぐらし，そして考えたことを相手に返すこと」と知りました[注6]。これは全体のグループを二つに分けて，①相談する人とされる人のグループと②「リフレクティング・チーム」というもう一つのグループを作る方法です。リクレクティング・チームのメンバーが相談する者の話の内容を反射し，さらに自分たちの考えを相談している人に伝えるやり方で，1985年にノルウェーのアンデルセン医師が試みてから，次第に広まったとのことです。グループのなかに下位集団を作り活用する方法なのでここに入れました。以下は，この方法を試みた私の実践報告です。

　私が支援者として何年も関わってきた30代から40代の男性グループがあ

ります。全員精神科の治療を受けています。現在，アルバイトをしている人，障害者枠で採用され一般企業で働いている人，就労継続支援事業所で働いている人，通信教育の大学生となり卒業を目指して頑張っている人などさまざまです。毎月一回，集まってくるのは五，六人です。自分たちの近況報告をし，それぞれ現在の課題を出し合って意見交換し，自分が希望する行動がとれるようにSSTなどのアクション方法を使いながら，自分たちのQOLを向上させているグループです。メンバーは全員学習意欲にあふれているので，私は自分が使う支援法の理論的根拠や技法を説明しながら，いつも一緒に学習しています。

　あるとき，その日の参加者が私を入れて5名だったので，私はリフレクティングという新しく知った方法について説明し，その方法を今日実際に使ってみて，どのように有用かを試してみようと提案しました。

　当日のグループを二つの下位集団に分けました。グループAは相談する当事者と支援者の二人です。グループBはリフレクティング・チームと呼ばれる3人です。T君が相談する人，Kさんが相談に乗る人です。

①まず，T君がKさんに相談する話をリフレクティング・チームの3人はじっと聞くところから始まります。T君がKさんに最近の自分の悩みについて相談しました。T君は「僕は自分の進路についていろいろ考えています。これからどの道を進んだらいいだろうかとずっと考えているうちに，だんだん疲れてきて，いつも最後には落ち込んでくるんです」と言いました。

②今度はリフレクティング・チームがT君の悩みを聞いたとおり，自分たちで話し合います。「T君は自分の進路についていつも考えているんだよね」「時間をかけていろいろ考えるんだよね」「でも最後は落ち込んでしまうのが悩みなんだね」などです。

③T君はじっとその話を聞いていて，それからまた相談の続きをKさんとします。これをあと2回くらい繰り返しました。その都度，T君はリフレクティング・チームが自分の話を反射する様子に耳を傾けました。

④それから K さんは T 君に，「あなたの悩みについてチームのみなさんに意見を聞いてみたいですか」と尋ねました。T 君は「聞きたい」と返事しました。以下はチームメンバーの意見の要約です。

　　M 君「進路について考えるのはいいことだが，疲れないように前もって考える時間の長さを決めておいたらいいと思う。それ以上は考えないようにまた別の時にしよう，と自分に言い聞かせて止めるといいかも」

　　S 君「ただ考えるよりはノートに書き出すのはどうだろう。書くと考えが整理されるから。ある程度考えたら，その日は切り上げるのが良いと思う」

　　J 君「自分が本気で働き出したのは 37 歳の時で，その時から，ず〜と今まで仕事は続いていて，自分なりに満足している。まだ，T 君は僕より若いんだから，あせらず，いつも，いつも考えこむのはやめて，時々，今日のようにみんなと考えればいいのでは」

④T 君は「自分の悩みを他の人が話すのを聞くうちに，いろいろな気づきがあった。新しい解決策を自分でも考えることができて，この方法はいいと思った。自分の悩みをゆっくり考えるゆとりができた」と喜び，「3 人が真剣に自分のために助言してくれたのが有り難かった」とみんなに感謝していました。

　　私もメンバーが二つのグループに分かれて独自の役割をもって相互作用をする，このリフレクティングという方法の「ゆっくり」の効果がとてもいいと感じました。

＊　＊　＊

リフレクティングの方法に直接関係はないのですが，この男性グループの一人のメンバーについて，読者に報告したいことがあります。この間まで大学生だったメンバーの U 君が，2021 年に行われた国家試験に合格して，社会福祉士と精神保健福祉士の二つの資格を一度に取得できたと喜びの電話をくれました。よくやったね，U 君！　おめでとう。何年も病気と闘いながら，

決して諦めずに自分のリカバリーの道を歩み続けてきたU君とU君を支え続けてこられたご家族，U君と一緒にすてきなチームを組んで歩んできた仲間たちに心からのお祝いを申し上げます‼

## 5.「メンバーの参加と相互支援を促す原則」を活かす

### 1) 組織体が運営にメンバーの参加を尊重する方針を持つこと

　　支援者はメンバー全員がそのニーズと能力に応じて，最大限にグループ過程に参加でき，一人でも取り残されることがないように絶えず気を配ります。支援者がこの原則を円滑に実践できるには，支援者が働く組織体（施設や事業所）の運営方針がメンバーの参加を尊重し，歓迎していなくてはなりません。

　　私がSSTの実践で関わった東大病院のデイホスピタル（以下DH）は伝統的に「実行委員会方式」と呼ばれるシステムを作り，メンバーがDHの運営に参加することを奨励しています。たとえば，メンバーの活動内容に応じて，料理委員会とかスポーツ委員会などがあり，各委員会はメンバーの選挙で委員長を決めます。各委員長はこのデイケアの実行委員会の構成メンバーとなって，毎週職員と一緒にデイケアのあり方やプログラム活動を検討し，行事なども一緒に計画します。

　　朝のミーティングはメンバー主体で運営しており，まず「今日のお当番」が司会して開会を宣言し，それぞれの委員長が今日の予定の活動をアナウンスします。運動委員会では「今日の運動はグランドで10時からバレーボールをやります」とか，料理委員会では「明日の料理の買い物に委員全員で行きますので，料理委員は1時少し前に玄関に集合してください」などといいます。そして，毎週水曜日にみんなで作るランチについて「明日のランチは酢豚ですので，みなさん楽しみにしていてください」などとアナウンスしたりします。

　　このような全員参加型の運営方針をとると，明らかに職員の手間がかかります。個々のメンバーにストレスがかかるだけでなく，メンバー間の相互作用が多いだけにメンバー間の葛藤が表面化する心配もありま

す。でもメンバーが成長するのは，このようなストレスと葛藤を通して
なので，適切なサポートを提供しつつ，メンバーに新しい経験をしても
らうと個々の利用者のリハビリテーションが確実に前へ進みます。

　メンバーの主体的参加を奨励する考え方を持たない組織体では，たと
えば，朝の挨拶に全員が集まったとき利用者は椅子に座り，職員は全員
まわりに立っていたりします。副施設長が司会し，施設長が挨拶の後，
いつも短く話をします。それぞれの部署の担当職員が今日の予定を話し
ます。その他の報告事項があれば，係の職員がかわるがわる前にでて報
告するのを利用者は静かに聞いているだけです。「職員は話す人」「利
用者は聞く人」という役割が固定し，職員は「保護する人」メンバー
は「保護される人」です。しかし，施設の目的が当事者のリハビリテー
ションを進め，自立を支援することである以上，このような組織体の運
営の仕方は変わる必要があります。施設の目的達成には組織体全体があ
らゆる機会を活かして，利用メンバーの能力を引き出し，伸ばしていく
ために参加の機会を増す工夫が大事だからです。

　たとえば，このような現状を変えるために，まず全体ミーティングで
各部署の報告を誰か一人の利用者が担当職員と一緒にするといいかもし
れません。短いアナウンスでも発言は必ず紙に書いてあげるところから
始めましょう。紙に書いてあげても，緊張のあまり声も出せないメン
バーはいるでしょうが，前に立つことだけでもいいのです。そのうち慣
れます。ストレスにならないように，その人の能力に応じて，少しずつ
参加してもらうのが大事なので，少し楽しいことから参加してもらうの
もいいでしょう。たとえば，全体が集まったところで「今月の誕生日の
○○さんに前にでてきてもらいましょう」とか，「その場で立ってもら
いましょう」など言い，職員と二人で，「○○さんの好きな食べ物の話
を一言お願いします」とお願いするなどもいいでしょう。前もって打ち
合わせしておき，誕生日を迎える人にどんな質問ならば話しやすいかを
聞いておくのもいいでしょう。そのための準備に職員がいろいろ手を貸
す必要があるかもしれませんが，それは職員にとって本質的に大事な仕

事ですから，ぜひ取り組みましょう。必ずメンバーは変わってきます。

## 2）小グループのなかでも可能な限りメンバーの参加を促す

　　次に，そのような組織体の下部組織である小さなグループに焦点を移します。私自身はSSTでも司会を必ずメンバーにしてもらっています。慣れないうちは司会者に言って欲しいことを白板に書き，司会者はそれを見ながら発言することもありました。あと，SSTに入ると私がグループを運営し終わりの時が来たら，またメンバー司会者に司会をしてもらって，「今日のSSTの感想」を全員に短く発表してもらい，メンバー司会者が終わりの言葉を告げてSSTの時間は終了します。司会者になって始めは緊張していたメンバーもだんだん馴れていき，必ず上手にできるようになります。字の上手な当事者には，SSTを進めながら必要な板書の手伝いを頼んでいます。どのような小グループのなかにもいろいろ役割がありますから，リーダーシップその他の役割がグループのなかで適切に配分され，個々のメンバーがグループの運営や発展に適切な役割がとれるように支援者は意欲的に工夫しましょう。たとえば，出席をとるために名簿を読んでチェックをつけるだけの役割などは比較的にやさしいですし，能力と準備性に応じて，ウォーミングアップの部分を前もって打ち合せをして担当してもらうこともできます。職員はいつもメンバーがもっと自分の能力を使い，さらにその能力を発揮する場所はないかを探しましょう。

【例】L字技法を使う

　SSTのなかで，他のメンバーのよいところを練習したメンバーに伝える「正のフィードバック」とか「サポート・フィードバック」などといわれる発言があります。他の人はどんどん練習した人のよいところについて発言しているのに，良いところを一つも見つけられないメンバーとか，自分がいおうと思っていたことを他の人に言われて，がっかりして沈黙を守っているメンバーはいませんか。そのような時，SSTを進めている私は，まだ発言し

ていない人のところに歩み寄り，そっと私が見つけた良い点を本人に話します。「挨拶の時 O さんは，自然に頭を下げていましたね。ちょうどいい下げ方だったと思いませんか？」この会話は支援者とまだ発言していない当事者だけの対話です。それを聞いた本人は「そうでしたね」と返事をします。それから私は「それを O さんに伝えてみましょうか」と提案します。そうすると，そのメンバーはほとんどの場合，自分自身の言葉を追加して正のフィードバックをします。「すぐ頭を下げて挨拶していたのがとても自然で，しかも礼儀正しかったです」など。リーダーが先に提案する，いわば縦の線のあとでメンバーからメンバーへの横の線のコミュニケーションをする順番が英語の L という字の書き方と同じ動きなので，私はこのやり方を「L 字技法」と名付けました。これは発言する本人の自己効力感を強め，グループメンバーの参加を増やすための工夫です。

## 3）「相互支援」を促す

　　グループワークでは支援者が「グループのためにやってあげる」ことをできるだけ避けて，メンバー同士が互いに助けあえるようにプログラム活動を展開します。グループワークに慣れない職員に記録を書いてもらうと一人ひとりのメンバーの発言を克明に書きとめることに一所懸命ですが，お互いがどう反応し，どのように相互で助け合ったのかをまったく記録しないことがよくあります。これは何度も言いますが，グループのすること（内容／コンテント）にだけ着目してグループの過程（プロセス）にまったく注意を払っていないからです。シュワルツは，人がグループを作る一番の理由を相互支援においています。「グループのメンバーが相互の存在を必要としている事実が，みんなで集まっている最も大切な根拠である」<sup>(注7)</sup>と述べていますので，一人のメンバーの発言に他の人がどう反応しているかに注意を払い，それを記録することが必要となります。グループワークはワーカーとメンバーが順番に話す合同面接ではなく，集まったグループメンバー同士が相互に交流を通して助け合うところに意味があるのです。

互いに助け合う一つの例は支援者が「いまのBさんの発言は，さっき，Aさんが言われたことと基本的には同じ課題のように思えますが，Aさん，Bさんに何か言ってあげたいことはありますか？」などと発言の共通性を指摘し，メンバー同士をつなぐ働きをすることにみられます。

　さらに，つらい体験を話したメンバーがいるとき，私はサイコドラマのシェアリング技法をつかって本人の隣に空き椅子をおき，そのメンバーの話から触発された自分の体験や思いを語りたい人は，だれでもその椅子に座って話をするように励まします。私はこれを「**その場シェアリング**」と名付けました。批判や助言でなく語った人と共通する自分の体験や語った人の話を聞いた自分の気持ちを伝えるのです。それは，辛い体験を語ってくれた人に対する大事な贈り物になります。

　第44代アメリカ大統領，バラク・オバマは，『約束の地―大統領回顧録』のなかで，有権者から教えられたことをいろいろ述べています。選挙のキャンペーンで選挙民と一緒にコミュニティと国の現状をどうすれば変えることができるかを話し合うなかで，自分と参加者の気持ちが一つになったと感じるときがある，その経験から，「選挙運動がひいては民主主義が，独唱ではなく，合唱で成り立っていることがわかった」と書いています(注8)。私は，この感想に感銘を受けました。グループワークの本質も独唱ではなく，合唱で成り立っているからです。

## 6. 「プログラム活動を展開する原則」を活かす

　治療やリハビリテーションを目的とするグループ・サービスを提供している施設では，絶えずその目的のために有効なプログラム活動を工夫しておられることでしょう。あるクリニックではデイケア利用者によるバンドがあり，時々音楽会を開いています。始めはデイケア利用者のデイケア内でのグループ活動だったものが発展して舞台を地域に移し，発表会をして，地域の人たちに開かれた活動にしており，そこにはクリニックの医師もお客様で参加されるそうです。楽しそうですね。これはプログラム展開のよい例です。自分たちが楽しいばかりでなく，その活動が社会に参加しコンサートにくる人びとをも

楽しくさせるように発展していったところが一番意義深いですね。以下に，無数ともいえるプログラム活動のうち，有意義な活動の例を三つあげます。

【例1】当事者が自分の体験を語るプログラムの展開

　自分の病気の体験を人に語るのは非常に勇気がいることですが，それが人の役に立つという場合には本人にとって，さらにそれを聞いた人にとって，大きな意味を持つでしょう。

　Aクリニックには，自分の病気について語り合うグループがあります。その話し合いのなかで女性メンバーの一人Zさんは「人を見るとすぐ，その人がケガをしている状態を強迫的にイメージしてしまう，自分でも気持ちが悪いイメージなのですごく悩んでいる」と話しました。すると男性メンバーのYさんは「自分も似たようなことがあったよ。でも薬を飲んだら治った」とZさんのほうを見て言いました。Zさんは，「そうだったんだ」と顔を輝かして，Yさんのほうを向き「どのくらいで薬効いた？」と質問しました。Yさんは「3カ月もかからなかったけど。薬は効いたよ！」と答えました。いやなイメージに悩むZさんは，Yさんのすすめで主治医に初めてその悩みを話し，薬を処方してもらうことができました。

　池渕恵美先生は医学教育のなかで，当事者を教室に招き，医学生に当事者の話を聞いてもらうことについて書いておられます。精神疾患を経験している当事者の話を聞いた医学生は「医学を学ぶ新しい意欲をもらった」など，生き生きした感想を書いてくれるそうです。池渕先生は「当事者の言葉で語られる経験はもっとも深くパーソナルリカバリーの内実を指し示していると思います。そうした生きた体験が支援者の力になるのです」といわれております[注9]。

　私も東京の大学でソーシャルワークを教えていた頃，毎年クッキングハウスから当事者を数人，教室にお招きして自分がどのように精神科の病気から立ち直ったか，いまはどんな生活をしているかを話してもらいました。クッキングハウスでは当事者が支援者と一緒に話の内容を整理し，事前に話し方を練習して授業に臨んだので，どなたの話もとても整理され感動的で，私がどんなに念入りに準備した授業も及びませんでした。話したご本人も大きな

成就感を持ったことでしょう。

　ある年の出来事です。当事者の一人が自分の経験を話しているとき，その方のマイクを持つ手がひどく上下に揺れ始めました。緊張のためでしょう。私はすっとその方に近づいて，「マイクをしっかり胸にあてましょう」とささやきました。その人はじっとマイクを胸に当て，先端を口にむけたのでマイクは震えなくなり，その人は落ち着いて話を続けることができ，終わりに大きな拍手をもらいました。授業の前にマイクを使う練習をしてもらえばよかったと思いました。やってみて初めてどんな準備が必要かを学んだエピソードでした。1回経験すれば，次はもう大丈夫です。

　ホームヘルパーさんなどの研修にも当事者が参加して，ホームヘルパーさんに感謝していることやホーム・ヘルプ・サービスに望むことなどを話せば，公的な研修ももっと身近なものになり，活性化するでしょう。これが実現するには，行政と事業所と社会福祉協議会など地域関係団体が日頃からよい連携をして働いていることが大切です。

【例2】当事者がするボランティア活動の展開

　ボランティア活動をするのは，素敵な社会参加のプログラムです。東京都内のN障害者地域生活支援センターに通所する利用者は自分たちの建物のベランダを利用してお花を作っていました。たくさん綺麗なお花が咲いたので，支援者とメンバーが話し合い，それを花鉢に植え，地域の買い物通りにあるいろいろなお店の前にその花鉢を形良く並べるボランティア活動をしました。すばらしいですね。

　その中の一軒のお店はセンターの開設に「店に火でもつけられたらどうしてくれる」と強硬に反対していました。しかし，センターができてみると利用者は気軽に買い物にきてくれるので商売上にもメリットがあり，いまでは精神病を体験している人に対する偏見がなくなったばかりか，お店の前をお花で飾ってくれる当事者に深く感謝しています。

　インターネットを見ると「精神障害者はボランティア活動ができない」というまったく間違った意見がのっていました。大変驚きました。

【例3】 イギリスの当事者によるボランティア活動

イギリスにはマインド；MIND という 70 年の歴史を持つ精神保健福祉の全国団体が多様な活動をしていますが，その一つに各地でマインド・ショップと呼ばれるお店を経営する仕事があります。イングランドとウェールズに 166 のお店があるそうです。このお店は一般市民が寄付してくれた品物を誰にでも販売しています。品物を整理したり販売したりする仕事には，多くのリカバリーを目指す当事者がボランティアとして参加しています。ボランティア体験がどんなに自分の回復に役に立ったかについて，インターネットに当事者が書いているので，その一部分を翻訳して紹介します。

「26 歳のとき，私は仕事のストレスから 3 度も重いうつ状態になり，これは自分でもまったく想像を越える出来事でした。3 カ月も入院しました。生きる目的を失ったときには死んでしまいたい気持ちになります。そんなときマインドの人が声をかけてくれました。

「お茶の時間に，一緒にビスケットを食べて笑いましょうよ」と。

雨の降っている日，私は初めて「マインド」を訪れました。どんなボランティア活動ができるかを説明してもらったときから，頭の上に広がった黒い雲の間から光が射してくるように感じました。

マインドでは人の役に立つ仕事をするだけでなく，たくさんの新しい友達ができました。マネジャーさんたち，ボランティアさんたち，お客さんたち，誰もがみんな自分の物語を持ち，ボランティアをする理由を持っているばかりか，その人たちの情熱と積極性は圧倒的でした。私はマインドのボランティア活動で自分の笑顔を取り戻したのです。

【例4】 SST 参加者のボランティア活動

病院で自分たちの病棟で SST をしていたグループがありました。とても慣れてきてスムースに練習が進んでいます。ほかの病棟担当の看護師さんからの要望で，自分たちの病棟で SST の練習風景を見せてほしいといわれました。メンバーはみんなボランティアでやろうと意見が一致し，自分たちの

練習の様子をほかの病棟で見てもらいましたら，その病棟でも新しくSSTグループを立ち上げることに成功しました！ その病院の全体職員研修会でもデモンストレーションを見せてほしいという要望がありました。それによって，メンバーも一層力をつけてきました。

さて，これでグループワークが終わるならば平和ですが，あと一つグループに関わる大きな課題が残っています。それは，グループに葛藤が起きたときの対処法です。グループワークでこの課題を避けることはできないので，セッションを終える前に，この課題について考えてみます。

## 7. グループが葛藤を抱え機能しなくなったとき：「葛藤解決の原則」を活かす

葛藤はグループによくある出来事ですが，グループ運営の中で対処が難しい問題の一つです。グループ・セッションの最中に介入して，プログラムを中止し葛藤解決に乗り出すこともあれば，別の機会を設けて落ちついて，みんなで話し合うこともあります。

葛藤はメンバー間で起きる場合もあれば，メンバーと支援者との間の葛藤，グループとグループのスポンサーである組織体との葛藤などさまざまなので，解決の方法が違うだけでなく支援者の果たす役割も違います。メンバー同士の葛藤であれば，支援者は中立者として葛藤を解決するためにそれぞれの対立するサブグループに平等に接します。そのよい実践例を第8章の「あやちゃん」に紹介しました。もしグループと組織体の間で葛藤が起きる場合には，支援者は両者間の媒介者として相互の依存関係を明確にし，解決にあたるでしょう。メンバーと支援者との間の葛藤であれば，この話し合いには，第三者，多くの場合支援者の上司の参加が必要になるかもしれません。葛藤の結果，グループの継続が困難になるのは最悪ですが，そのような結末になることもあります。

しかし，葛藤はグループの危機であると同時にグループの発達を促し，グループが目標達成に近づくためのチャンスかもしれません。支援者は落ち着

いて最善をつくしましょう。

　一番避けたい対処法は「見てみないふり」か「そのうち何とかなるだろう」と，いつまでも解決にのりださないで延ばしていることです。

　メンバーの傷つき体験をできるだけ少なくし，葛藤解決を前に進める方法はあるでしょうか。よくある葛藤はメンバー間に起きるので，以下それに焦点をあてて考えてみます。

①グループの問題はグループのメンバーにしか解決できない，でも力を合わせると必ず解決できると信じましょう。グループメンバーの一人ひとりには，解決する力があると励ましましょう。支援者の仕事はグループを取り仕切るのではなく，メンバーを解決のために力づける人，エンパワーする人です。

②支援者はどちらか一方の味方はせず，グループ全体のために中立の立場で一緒に問題を整理して解決できるようにすることをメンバーに伝えます。

③みんなが落ち着いて話せる時と場所を選びます。

④話し合いの過程を書き出せる紙と筆記用具，または白板などを用意します。

⑤問題解決のために第三者の参加が必要かどうかを話し合います。必要ならばその人の同席を求めます。

⑥話し合いの目的について合意を求めます。たとえば，目的は相手を罰することでなく，今後気持ちよくグループメンバーとしてやっていくために問題の再発をなくしたい，などです。

⑦メンバー自身で問題解決ができるように両者の代表から，どのような問題がいつ起きたのかを聞きます。ほかのメンバーの意見も両方からじっくり聞き，人物を責めるのでなく，どのような行動が問題になったのかをはっきりさせます。白板を使いましょう。

⑧話が終わったらそれぞれの話を要約して，支援者の理解に間違いがないかどうかを確かめます。

⑨解決のために「問題」という大きなものをできる限り，部分部分に分けて組み立て直します。これを「細分化の技法」といいます。白板を使い

ましょう。細かくしてみると，一致している部分と一致していない部分がはっきりするでしょう。

⑩解決のために取り扱う部分について，優先順位を話し合って決めます。一つひとつ解決の具体的な案を双方から出してもらいます。誰が何をやるかを決めます。

⑪支援者として，今日の会合を組織体の責任者に伝え，さらによい方法を探る可能性があれば，その責任を果たすことやほかの社会資源を活用することによって，グループの問題解決が可能かもしれないときは，それを調べて見ることを約束します。

⑫もし今日の問題に関して，個人メンバーを家庭に訪問し，またはグループの外で会う必要があれば，それをみんなに伝えて実行の計画を立てます。

⑬1回で解決がつかない場合には，再度話し合いのための会合をもつことを提案します。

⑭今日の話し合いで成し遂げたことを整理します。出された結論と未解決な課題などを白板や紙に書いて確認します。

⑮必要があれば，次回の話し合いの日時をメンバーと相談します。

⑯メンバー全員の協力に感謝して会合の終わりを告げます。


さて。葛藤解決にも少し，道が開けてきたようなので，ここでセッションを終えたいと思います。

## Ⅳ　セッションを終える

セッションを終えるとき，「ああ，一緒に良い時間を過ごした」という満足感と「みんなでここまでやった！」という成就感で終われば，次回までをつなぐ役割が果たせます。よい終わり方には，二つのポイントがあります。第一は，メンバーと一緒に今日のセッションの振りかえりをすること，第二は，気持ちよくセッションを終えるための活動を取り入れる工夫です。

## 1.「フィードバックを求める原則」を活かす

　支援者はグループを進めるとき，いつもメンバーの理解と同意が得られているか，計画がメンバーの希望に添っているかなど，絶えずフィードバックをメンバーからもらう必要があります。セッションの終わりにあたっても，今日一緒にやったことがどれだけ意味のあることだったのか，メンバーのセッションに対するフィードバックをもらうことが大事です。メンバーはどんな気持ちで参加していたのか，自分の目的をどこまで達成できたのか，何をほかの人から学んだのか，などについてメンバーに自由に発言してもらいます。座っている席の順番でもいいですし，自発的に発言したい人から発言してもらってもいいですが，できるだけ全員のフィードバックを聞くことにしましょう。全員に聞こえる声で発言できないメンバーがいれば，支援者はほかのメンバーに席を替わってもらい，隣に座って対話しながら，感想をひきだすこともできます。「勉強になりました」というありきたりの感想を言うメンバーには「どこが一番勉強になりましたか？」とさらに質問を重ねるのもいいでしょう。そのようなフィードバックから，グループ・プログラムが本当にメンバーのニーズにあっていたかをある程度知ることができます。たとえば，SSTで「いろいろな人の考えが聞けて，とても参考になりました」とか「なんだか，新しい眼鏡をかけたように，もっとよく物事が見えるようになった気分です」などというメンバーのフィードバックはセッションが役に立ったことを物語っていますし，「難しくてよくわかりませんでした」とか，「すごく緊張しました」などというフィードバックは支援者のやり方に変更を加える必要を示唆しています。

　支援者も自分の行動についてフィードバックをもらいます。「私の説明はどうでしたか？　わかりやすかったですか？　声はよく聞こえましたか？　まだ，皆さんのことをよく知らないので，教えて下さい」などと率直にメンバーの意見を聞きましょう。

　言葉で表現してもらう以外のやり方を導入するともっと明確な意見をもらえるかもしれません。たとえば，いっせいに自由に感想を紙に書いてもらう

とか（私は A4 判の紙を 4 分の 1 に切った大きさが気に入っています。あまり紙が大きいと書きにくいので，このくらいの大きさだとたくさん書いてくれる人が多いのです。）アンケート用紙によるフィードバックも一つのやり方です。グループのニーズによって選択しましょう。

ちなみにフィードバックはグループの中ばかりでなく，セッションが終わったあとでも，もらうことができます。セッションの後で一緒にお茶を飲んでいる時，またはお昼のお弁当を一緒に食べながら，支援者はメンバーの意見をいつも歓迎する開かれた態度を保ち続けましょう。

## 2. 終わりにふさわしいプログラム活動を工夫する

グループによって終わりにふさわしい活動はさまざまですが，私が良くやる活動の一つは，互いに仲間のメンバーを褒めたり，感謝して終わるというものです。

たとえば，「褒めてラウンド」という活動はおすすめです。支援者が最初に A さんのところに行って，始めにその人を褒めます。「自分の経験をすごくわかりやすく話してくれて有り難う」。A さんは「有り難う」と言って席を立ちます。A さんの椅子に，支援者が座ります。A さんは自分が褒めたい人 B さんのところに行き，B さんのよかったところ「はっきり自分の意見を言ってくれたので，とても参考になりました」などと伝えて，今度は B さんの席に座ります。こうして全員が他の人をほめて，最後に残った支援者をメンバーがほめて，この「褒めてラウンド」は終わりです。ほんわかした気分で終わることができます。

セッションの終わり方でもう一つ。個人の都合でそのグループにくるのが最後，というメンバーがいるときがあります。就労移行事業所の利用者で就職が決まってグループを卒業するメンバーがいるセッションなどは本当に嬉しいときです。このようなとき，「卒業生」にみんなでそれぞれ，「イメージのプレゼント」を贈るのはどうでしょうか。以下にその例をあげました。

【例】卒業するメンバーにイメージでプレゼント

　Sさんは来月から就職することがきまりました。20代の女性で物静かな
Sさんは，いつもさりげなくメンバーの椅子を用意する，白板をきれいに拭
いておくなど気遣いが良く，メンバーみんなと仲良しでした。就職がきまっ
て，今日でこのグループも最後になります。会の終わりに支援者の提案で，
みんながSさんにイメージのプレゼントをあげることにしました。まず，
支援者が真っ先にSさんの席に行き，「あなたはいつもノートにメモを書き
込んでいるので，ダイヤモンド入りのすてきなボールペンをプレゼントしま
す。これ，世界に一つしかないのよ」と言って小さな箱をプレゼントする様
子をジェスチュアで示しました。Sさんは思わず立ち上がり「まあ，有り難
う！」とニコニコして受け取りました。続いてAさんは「これは真珠のネッ
クレスです。改まった席にお出かけのときに使ってね」とイメージの箱を手
渡しました。男性のBさんは「仕事で疲れたら，たまには温泉に行けるように，
これ温泉のクーポン券です。どこの温泉でも使えますよ」と手渡しました。
Sさんはニコニコして，「有り難うございます！」とそれも受け取りました。
　（さらに，メンバー全員からプレゼントをもらいましたが，省略します）
　一人のメンバーがもうグループにこなくなる，という事実はどのメンバー
にとっても特別の感情を引き起こします。別れには別れにふさわしいプログ
ラムがあるので工夫しましょう。

## V　支援者はふりかえりをし，記録をつける

　セッションが終わったときに，その日の取り組みを見直す作業をレビュー
（review），振り返り（ふりかえり），見なおし，反省などといいます。複数
の支援者でグループワークをする場合には，短い時間でも支援者のチーム
がふりかえりの機会を持つことは事前の打ち合わせと同じように大事です。
「今日のセッションは予定通り展開したのか。プログラム活動とグループ過
程で個々のメンバーの様子はどうだったのかを振り返り，支援者のグループ
過程への介入が適切であったかどうかを検討し，次回の計画につなげます。

多くの支援者は複数の仕事を同時に行っているので，正確な記憶を保ち，それを長く維持することは困難で，記録は実践の質を上げるのに非常に重要な役割を果たします。記録は読み返されて始めてその役割を果たすのですから，読みやすく的確にまとめて書くこと，使いやすく，しかもプライバシーが守られるように保存しておきましょう。記録の書き方について関心のある読者は，私の『基本から学ぶSST』という本に，30頁以上にわたって記録につき説明しているのでご覧下さい（前掲；注4，pp.227-261）。

（注1）W. シュワルツ & S.R. ザルバ（前田ケイ監訳『グループワークの実際』相川書房，p.12，1978）
（注2）A. Gitterman & R. Salmon ed. : Encyclopedia of Social Work with Groups, Routledge, p.209, 2009.
（注3）シュルマンは，40年以上にわたってカナダやアメリカの大学でソーシャルワークの臨床教育にあたり，多くの著書を出している。現在は教職から退き，コンサルテーションや執筆活動を続けている。
（注4）前田ケイ『SST ウォーミングアップ活動集』新訂増補版，金剛出版，2021.
（注5）Barry R.Cournoyer : The Social Work Skills Workbook, 8th ed. Cengage, 2017.
（注6）矢原隆行『リフレクティング―会話についての会話という方法』ナカニシヤ出版，p.17，2016.
（注7）W. シュワルツ & S. R. ザルバ（前田ケイ監訳『グループワークの実際』相川書房，p.5，1978）
（注8）バラク・オバマ『約束の地―大統領回顧録』集英社，p.163，2021.
（注9）池渕恵美『精神障害リハビリテーション―こころの回復を支える』医学書院，p.51，2019.
（注10）ロナルド・W・トーズランド & ロバート・F・ライバス（野村豊子監訳『グループワーク入門―あらゆる場で役に立つアイデアと活用法』中央法規出版，pp.269-274，2003）

# 第 8 章

# グループワークの実際例から学ぶ

> グループワークの実際例を三つ紹介する。①アメリカのソーシャルワーカーが実践した子どもクラブでの優れた記録を翻案したもの，②「誰でも参加できるSST」の実際，③「少年院でのソシオドラマ」の詳しい様子をお読みください。

## I　子どもグループの事例：「あやちゃんをめぐる出来事」から学ぶ

　これから紹介するグループワークの記録はアメリカのソーシャルワーカーの優れた実践です。子どもたちの社会的成長を助ける子どもクラブでの出来事を記録しています。1940代半ばという昔の実践記録ですが，このワーカーの適切な対処行動はいまでも参考になり，アメリカのグループワークの長い歴史を物語るものです。いまの日本の子どもにも十分あてはまる出来事なので，読者に現実感をもって頂くために，学童保育クラブでの出来事とし，登場人物も日本の子どもの名前に翻案しました。

　学童保育クラブは放課後や夏休みなど，親が働いている家庭の子どもたちの成長を支援する施設として，重要な役割を果たしています。ここで働く支援者にはぜひ，グループワークの知識とスキルを習得して頂きたいと願います<sup>(注1)</sup>。

　私が大学でグループワークを教えていた頃，この葛藤場面を教材として授

業で使ったことがあります。葛藤場面を途中で止めて（たとえば〈14〉のところなどで）その後の支援者の行動を「あなたならどうしますか？」と学生に考えてもらいました。多くの学生たちの反応は記録の中の指導員とはまったく違い，子どもたちに対して，「各自反省しなさい」と指示的・権威的に行動したり，「仲良くしないとダメでしょう」と子どもたちを非難し，説教する行動が多かったのです。以下の記録から，それとはまったく違う行動を学びましょう。

　この記録は「経過記録」という書き方で，子どもの動きだけでなく支援者がどう行動したかも含めて時間的経過を追って記述していく形式の記録で，主に学生の実習や新任職員のスーパービジョンのために書かれます。スーパーバイザーはこの記録を読んで，指導員と意見を交換します。指導員の行動の意図は何か，その理論的な根拠は何かなどを聞き，そのとき記録に現われていない他の子どもは何をしていたのか，子どもの発言の意味や理由をどう解釈するのかなどをスーパーバイザーが指導員に質問することによって，指導員の子どもに対する理解が深まり，指導員が常に目的を意識してグループに援助的に介入できるよう助けます。では読んでみましょう。子どもたちは小学校3年生くらいです。コメントは私（筆者）が解説のためにつけました。

## 「あやちゃんをめぐる出来事の記録」

1)「ちょっと聞いてよ。もう，正ちゃんが学童をやめるか，わたしが学童をやめるかだよ！」とあや子さんが大きな声で言った。顔を真っ赤にして大変怒っている。他の子どもたちは冷やかして言った。「それじゃ，あやちゃんがやめれば！」といつもは仲良しの玲子さんが軽い調子で言っている。「そう，そう！」と他の子どもたちも同調して騒いでいた。私は連絡帳を書いているテーブルから離れず様子を見守っていた。

　　〈コメント〉：子どもの間にトラブルが起きた様子。指導員はまだ介入せず，じっと様子を見ている。

2) あや子さんは黙り込んで，みんなを眺めている。何か言いたげだったが，何も言わずに次第に下を向いてしまった。子どもたちは気がとがめるようにあや子さんのほうを見ていたが，「だって，あやちゃんはいつも意地悪ばかり言うし……」と真理子さんがそっと理由を述べた。「そうよね，みんなの悪口も言うし」と純子さんも口を添えた。

3)「私はあやちゃんのこと，何にも言っていないわ」と玲子さんが他の人とは同調しない発言をした。やがて子どもたちは，作りかけの七夕の飾りづくりにもどった。

　　〈コメント〉：玲子さんの微妙な心の動きに注意をむけよう。

4) あや子さんは私のテーブルのそばまできて言った。「先生，正ちゃんは私が嫌いなの。正ちゃんは工作しないで，今，庭で遊んでいるけど。この前，棒で私のこと，突っついたの，先生，見たでしょう」私は「見た」と伝えた。「でも，どうしてなんでしょうね」と私は首をかしげた。「正ちゃんは，私のこと，絶対嫌いだと思う」とあや子さんはもう一度言った。

5) 私は，この頃あや子さんと正一君があまりうまくいかない時があるのに気がついて心配していると伝え，「あや子さんのほうから，手を出したりすることはないかしら」と聞いた。あや子さんは「絶対ない！」と強

く否定した。「そうわかったわ。正一君と話してみますね」と私は約束した。

　　〈コメント〉：指導員はあや子さんの言い分を受け入れて，解決に乗り出す気持ちを伝えている。

6) 私は庭に出て，ボールを転がして遊んでいる正一君に話しかけた。「どうもあや子さんとうまくいっていないみたいね。正一君の気持ちを聞きたいの。いいかな」正一君はすぐ返事をして「どうしてかわかんないけど，あいつには頭にくるよ」と言った。「どんなとき？」という私の質問に，正一君は「知らない。いつでもさ」と，素直に答えてくれる。「正ちゃんはあやちゃんが嫌いなの？」「そうでもないけどさ。好きなときもあるし，頭にくるときもあるし。どうしてか，わかんないけど」

7) 「そう，このクラブでは，他の人をみんな好きになりなさいとは，言わないけれど。でも，頭にくるときはいつも，正ちゃんのほうから先に手を出して，あやちゃんを怒らすんじゃない？」と私は真剣な顔で正一君を見て聞いた。

　　〈コメント〉：指導員は非難をせず正一に質問して事実を知ろうとする。

8) 「うん，まあね」と正一君は素直に言った。正一君の率直な態度にはいつも驚かされる。

9) そのうち，室内ではなにか，難しいことが起きたらしく，あや子さんはオーバーを着て帰る支度をしたまま，庭に回ってきて，「先生！」と私に呼びかけた。

10) 「先生，今日はお母さんが早く帰ると言っていたので，私これで帰ります」とのこと。私は庭をまわって，門のところまで送っていった。二人だけになったとき，あや子さんは「先生，お願い，正ちゃんをもうクラブにこないようにして！　そうでないと私はもうここに来ない！」と言った。

11) 私は真面目な顔で「私は正一君に来ないようにとは言えないのよ。でも，あなたがここで悲しい思いをしないように，できることは必ずあると思うから，正一君やみんなと話してみますね」と約束した。

〈コメント〉：できること，できないことを明確に伝えている。

12）あや子さんは「先生，もう玲子ちゃんだって，私と友達じゃないみたい。誰も遊んでくれないし」と泣き声で訴えた。「それは悲しいよね。あなたはみんなに好きになってほしいのよね？」と私はあや子さんの肩を抱いて聞いた。「そうでしょう？」あや子さんはこっくりと頷いた。

　　〈コメント〉：疎外されたあや子さんに共感し，あや子さんの本音を引き出している。あや子さんの肩をだくというタッチングで本人の心に寄り添う気持ちを伝えている。男性の指導員は肩を抱くことは避け，腕に触るなど，配慮が必要である。

13）私はあや子さんが大好きだし，明日もクラブで待っていること，きっと何かいい方法が見つかると思うこと，車に気をつけて帰るようにと伝えて，あや子さんと別れた。そのとき数人の子どもたちがそっと玄関の戸を開けてこちらの様子をうかがっているのが見えた。

　　〈コメント〉：疎外されたと思う子どもが何らかの希望を持って帰ることができるよう，指導員は自分の気持ちと考えを明確に伝えている。

14）私は部屋に入っていった。子どもたちはみな好奇心の目で私を見上げた。私は子どもたちに工作をやめて，テーブルのまわりに集まってほしいと頼んだ。みんながテーブルのまわりに静かに座って，私の顔を見ている。

　　〈コメント〉：話し合いをするのに適切な場面構成に気を配っている。

15）私は，あや子さんのお母さんが家に早く帰る日なので，あや子さんは早く帰ったと伝えた。でもみんなとあや子さんがうまくいかず，とても悲しそうに帰ったので，私には何がうまくいかないのかよくわからないので，もっと私がわかるようにみんなの考えを教えてほしいと頼んだ。

　　〈コメント〉：支援者はいつも「教えてもらう人」です。まず，当事者の言い分，当事者の理由を聞きましょう。この時点で指導員は自分の意見，自分の感情を伝えることは控えています。

16）「あやちゃんは私たちのこと，誰も好きじゃないみたい。それが困るのよ」と誰かが言った。「そうね」と私は言った。「いつも人の悪口，言う

しね」と正一君が言った。玲子さんが「私，あやちゃん嫌い。このクラ
ブに来なければ良いと思うわ」と言った。「私も嫌い」「私も」

　〈コメント〉：指導員はこの時点ではすべての意見を受容し，傾聴している。

17）私は言った。「そうするとこのクラブじゃ誰もあや子さんを好きじゃな
いというわけね」

　〈コメント〉：指導員はみんなの気持ちを要約した。

18）真理子さんが「あやちゃんだって，だれも好きじゃないんだからおあい
こでしょう」と明るく結論づけた。「それなんだよ。あいつがみんなを
好きじゃないからさ」と正一君は言った。「だから，私たちもきらいだ
というの」と純子さんが結論を出した。

19）「そうね」と私は軽く受け流して「そして，あや子さんも，それをよく
知っているみたい」「えっ，あやちゃん，それを知っているの？」玲子
さんは具合悪そうに聞いた。本人の目の前でそのことを伝えておきなが
ら，本人が知っていると当惑している様子には驚かされる。

20）私はうなずいて言った。「ええ，知っているみたい。だあれも自分を好
きでないと知ったら，どんな気持ちになるかしら？」

　〈コメント〉：みんなに考えてほしい課題を投げかける。

21）誰も何も言わないで考え込んだ。正一君は「あやちゃんだって，みんな
に好かれようとしないだろう」と意見を言った。「そうね」と私は言っ
て「あやちゃんは，どうやったら人に好きになってもらえるのか，その
やり方をよく知らないの。みんなに好きになってもらいたいのよ。でも，
どうしたら良いのか，よくわからないのね」

　〈コメント〉：あや子さんの気持ちを代弁してあげている。

22）「でも，もし好きになってもらいたいなら，どうしてもっと優しくしな
いのかしら」と真理子さんが言った。「教わったことがないんだろう，
まぬけ！」と正一君がやり返した。「オレだったら，誰かがおれを嫌い
だと言ったって気にしないけどさ」と正一君。「人はみな違うからね」
と私は正一君の意見に，自分の考えを伝えた。

　〈コメント〉：これは多様性を理解させ，個人を尊重する大事なコメントで

す。

23）長い間，みんなが考え込んでいて静かだった。私はしばらく待っていたが，やがて「さて，どうしたらいいのかしら。本当にどうしたらいいのか，わかりませんね」と言って，みんなの顔を見た。

　　〈コメント〉：沈黙を尊重するのはとても大事なこと。その後，指導員は自分の意見を言わず，沈黙しているみんなの気持ちを言語化している。

24）「たぶん，みんながあやちゃんを放っておいたら，少しは，自分も優しくしようと思うんじゃない？」と玲子さんが意見を述べた。「そんなことしたら，みんなから嫌われていると思って，もっと悪くなるよ」と正一君は反対した。「それは，大事な考えね」と私は言った。

　　〈コメント〉：玲子さんは早く解決の方法を見つけたいが，正一君は考えた結果，反対している。指導員は正一君の考えに賛成を述べ，だんだん議論に参加し始めている。

25）「それじゃ，私たちが親切にしてあげて友達みたいになったら，みんながあやちゃんと友達になりたいと思っていることがわかるから，あやちゃんもやさしくなれるんじゃない？」と玲子さんが言った。

　　〈コメント〉：やっと，玲子さんは安心して，積極的な意見が言えるようになる。

26）「それは本当に良い考えね！」と私は賛成した。

　　〈コメント〉：指導員は積極的に玲子さんの前向きな意見を支持している。

27）「あやちゃんはいつでも意地悪だっていうわけじゃないよね」と良雄君がはじめて口を開いた。「絵がうまいよね」と誰かが言った。「粘土も上手だよ」「良い意見をたくさん出すし」と玲子さんが付け加えた。

28）「そうね。良い意見をたくさん出すわね」と私が賛成すると「それにあやちゃん，理科が得意よね。遠足に行ったとき，昆虫や芋虫とかつかまえてなかった？」と良子さんが思い出した。

29）「それじゃ，私たち，あやちゃんに意地悪するのをやめて，やさしくしてあげようよ」と玲子さんが結論を述べた。みんなはガヤガヤ言いながら賛成した。

30)「みなさんが話し合って，決めたやり方はすばらしいアイデアですね。それが成功するか，どうかはわからないけど，やってみることはとても大事なことだと思います！」と私は笑顔で伝えた。子どもたちはとても満足した様子だった。

　　〈コメント〉：指導員は子どもたちの努力を認めて，はっきり支持を伝える。

31）私はみんなに感謝して，話し合いは終わったことを伝えた。もうすぐ，学童保育の終わりの時間がくるので，子どもたちはやりかけの工作を片付ける仕事に戻っていった。


　まとめ：グループワークでは支援者がグループのために葛藤を解決してあげるのではなく，メンバーが自分たちで葛藤を解決するために考える過程で助けの手を差し伸べます。たとえ相手が子どもでも，です。こどものうちから，このように話し合って問題解決に取り組む経験を積むのは「共生社会」という容易ではない，しかし，非常に重要な社会のあり方を実現するために不可欠な経験だと思われます。


## II　「誰でも参加できる SST」の実際


### 1.「誰でも参加できる SST」とは

　「誰でも参加できる SST」とは，私が名付けた SST を行うグループ構造の一つです。地域の誰でもが参加できる SST のグループです。自分のコミュニケーションをもっとよくしたい人はどこにでもいる，誰でも参加し助け合って練習すればもっとよいコミュニケーションがとれるようになる，というのが 25 年以上も前に東京のクッキングハウスで，このグループを始めた私の考えです。嬉しいことに，いまでは日本の 10 カ所以上の都市で「SST認定講師」が運営する「誰でも参加できる SST」（以下，「誰でも SST」と言う）があります。各地域の「誰でも SST」はその地域のニーズに応じて，独自の発展を遂げていますので，以下は私個人の実践に基づいた解説です。

## 2.　どのように運営しているか

　2021年現在，私は仙台市内でNPO法人シャロームの会（以下，シャロームの会という）と提携して「誰でもSST」を毎月1回行っています。シャロームの統括施設長，菊地康子さんとは約15年前に私がクッキングハウスで行っていた「誰でもSST」でお会いして以来のご縁です。

　会場はシャロームの会がB型の就労継続支援事業として行っている「太陽とオリーブ」というレストランです。レストランがお休みの土曜日の午後に使用させてもらいます（注：この本を書いているいまはコロナ渦のなかで参加者は前より大分減って，毎回15人程度が参加しています。仙台でコロナ患者さんの数が多い時にはグループをお休みしたりしました）。

　シャロームの会では，毎回受付業務と記録書きのために職員を手配してくださり助かっています。会場には名札と白板が用意されており，必要に応じてSST用のポスターも使えるように用意されています。シャロームの会の事務局は毎月，地方紙に集会の予告を出す仕事も引き受けてくださるので，新聞でこのグループを知ったと新しく参加してくる人もいます。たまには，病院やクリニックの医師から聞いたといって参加する方もおられます。

　参加費ですが，当事者は無料，家族は500円，その他の方は1,000円で，自己申告制です。集会は毎月1回，第3土曜日の2時から1時間半という約束ですが，その日の人数や練習内容によっては，1時間45分くらいになるときがあります。終わってからちょっと交流できるお茶の時間がありますが，毎回必ず4時には終わります。

## 3.　参加者について

　シャロームの会と連携して運営する「誰でもSST」が4年近くになりましたので，始めはメンバーが毎回自由に集まるオープングループでしたが，いまでは毎月のように決まって参加する人がいて，セミオープンという形です。メンバーの背景は，こころの病からのリハビリに励む人たち（当事者），家族，精神科領域で働く看護師，保健師，保育士，学校教員，福祉関係者，

刑務所の教育担当職員など，さまざまです。

　専門職の方たちは，自分の仕事のスキルを上げたいと願って参加される方が多いので，私の「誰でもSST」は，そのような専門職のための実習の場，スーパービジョンの場にもなっています。専門職の方には，時に私に代わって，会合の進行の一部を担当して頂くことがあります。その際私はメンバーにも参加してもらって，その方の支援行動の優れた点を確認し，改善のための提案をしますが，その時には提案の理論的根拠を説明してスーパーバイズしています。

　しかし「誰でもSST」を続けているうちに「専門家」として参加している人も他の人の発言に反応して，次第に自分の人づきあいでの悩みを開示するようになり，興味深いことに「人間って同じだね。誰にでも，いろいろな悩みがあるよね」と専門家と非専門家との距離はだんだん小さくなっています。私も含めて「みんな同じ仲間」というグループ発達を経験しています。自分のコミュニケーションをよくしたいと課題を出す人に，みんなが自由に自分の意見を言い，みんながそれぞれの答えを見つけて帰っていきます。支援者の大きな責任はメンバーが安心して，その場にいることができ，安心して発言できる場を作ることです。100％成功しているわけではありませんが，いまのところとにかく，「面白かった」，「よく笑った」という楽しい時間になっているのは嬉しいことです。

## 4．支援者のスキルについて

　「誰でもSST」は，その日になってみないと誰がどのようなニーズをもって参加してくるのか予想がつきません。したがって，このグループの支援者にはSST以外の支援方法やグループ関連の多様な技法を使う実力が必要です。

　たとえば，何年か前に私がゲストで呼ばれたある地方での「誰でもSST」のことです。参加メンバーにSSTで練習したい課題を聞いたところ，一人の男性が前に出てきて「自分は死にたい」と発言されました。この訴えに対応するにはSSTは不適切です。そこで私は緊急なので，みなさんに断って，短いサイコドラマをその人とすることにしました。その人（仮にXさんと呼びます）に自分が死んだら驚くかも知れない人たちをあげてもらいました。3人の友人の名前があがったので，私はXさんに，みなさんのなかからその3人になる人を選んでもらいました。選ばれた3人が前にでてきました。

　それから私は「役割交換」という技法を使って，Xさんに順番にその3人と役割を交換してその人になってもらい，Xさんが死んだらどんな気持ちになるのか，そしてその理由も述べてもらいました。3人ともXさんが死んだら悲しい気持ちになるとのこと。そして，Xさんがどれだけ自分には大事な人なのかを話されました。その後役割を戻して，Xさんに3名からXさんが死んだ時の気持ちとその理由をそれぞれ話すのを聞いてもらいました。Xさんが想像して話した友人の言葉を，そのまま友人からの言葉として，Xさん自身が聞くことになりました。

　最後に私は「天使の技法」を使いました（注：これはサイコドラマで自由なイメージを駆使する「余剰現実；サープラス・リアリテイ」の考え方を活用しています。くわしくはサイコドラマの本をお読み下さい）。Xさんには生まれてから今日まで，ずっとXさんを護ってきた「天使」がいる，と私は説明しました。Xさんが死にたいといっているが，守護神である天使はどんなメッセージをXさんに与えるだろうか。その天使になる人をXさんに選んでもらい，登場させて，Xさんと役割を交換し，天使からのメッセージをXさんに言ってもらいました。これだけの年月いろいろ守ってきたのだ

から，死なないでという天使からのメッセージでした。もう一度役割を交換して，Xさんが選んだ天使役の人から，天使からのメッセージをXさんに聞いてもらいました。

すべての人の役割を解除したあと，Xさんの気持ちを聞きましたら，もう死にたいと思わなくなったとのことなので，Xさんには座ってもらってSSTの会を続けることができました。（注：サイコドラマの会ならば，ここでシェアリングをするところですが，このグループはSSTをやるために集まっているので，シェアリングはしませんでした。）

「誰でもSST」の場では，SSTという方法を使って自分の物事についての考え方や特定の対人状況下での行動のとり方を学習するというのが，参加者との契約事項なので，簡単に変えることはできません。しかし，グループは生きものなので，何がおきるかわかりません。やむを得ない必要が生じると，参加者に説明してから別の方法を使うこともあります。誰でもSSTを実行する支援者は，グループの動きに合わせて，いろいろな技法を使えることが必要です。

## 5.「誰でもSST」の進め方

### 1）始めるまでの時間

私は，大体早めに会場に行っていますが，時にはすでに参加者が待っていることがあります。初めての方には必ず私から声をおかけして自己紹介をしますし，顔なじみの方であれば始まるまでちょっとおしゃべりをします。その間，参加者は職員に参加費を払ったり，名札をもらったりします。名札には自分が名乗りたい名前を書いてもらいます。たとえば「ケン」さんは，何回いらしても「ケン」さんで，その方が名乗らない限り，ケンさんのフルネームは誰も知らないままです。これは，参加者の安心を保証するための手段です。参加者同士挨拶をしたり，自己紹介しあったりするときもありますが，多くの方は始まるまで静かに待っています。毎回，なんらかの緊張感があります。

## 2）開会のことばと参加のルールの紹介

時間がくれば，私は「時間になりましたので始めます。私は前田ケイと申します。よろしくお願いします。今日も楽しい時間になると思います」と開会の挨拶をします。そして，シャロームの会の菊地さんからも一言挨拶をして頂きます。次はまた私の番で，この会の趣旨，参加のルールについて話をします。毎回同じ言葉を使っているわけではありませんが，たとえば次のように話します。

前田「では，これからの時間はコミュニケーションのとり方を練習するために使います。そのためにお願いがあります。どのような状況で誰とのコミュニケーションをよくしたいか，という話になるとプライバシーにふれますので，みなさんにはここでの出来事はここだけの話にして頂くようにお願いします。でも100％の守秘義務は保証できませんので，これを言われたら絶対に困るということはここでは話さないでください。少しくらいなら大丈夫と言うことだけ，話してください（注：この最後の「でも」以降の説明は北海道で「誰でもSST」をやっている村本好孝さんから教えてもらいました）。また，発言が強制されることはいっさいありませんので，発言したくないときはパスと言って下さいね。話の途中で聞き慣れない言葉が出てくるかもしれませんが，そのときはいつでも質問して下さい。よろしいでしょうか。なにかご質問はありませんか？」

## 3）軽いウォーミングアップ活動をする

練習に入る前に，リラックスできる雰囲気を高めるためウォーミングアップ活動をすることが多いです。時間の関係から，自分の名前と自分の住んでいる市や区，自分が参加している理由を簡単に話して，すぐ練習に入るときもあります。参加者の数が多いときや新しい方の参加が多いときなどは，グループの緊張をほぐすために，楽しいウォーミングアップ活動をします。季節に合うもの，さまざまな年齢の人が楽しめるもの，短時間で終わるものなどをあらかじめ考えておきます。また，グループの状態に合わせて，付録にあるような「会話カード」，たとえば，「あなたがチャレンジしたいことは何

ですか？」などを使って，参加者がグループ全体に自己紹介をしたり，ペアを作ってそのテーマで話してもらったりします。参加者が飽きないように，また，楽しめるように工夫しています。

## 4）コミュニケーションの練習をする

### ①簡単に SST の説明をする

　実際のコミュニケーション練習に入るまえに，新しい参加者のために，簡単に SST の説明をします。

　【例】：「SST とは英語のソーシャル・スキルズ・トレーニングの頭文字をとった言葉です。出来事についての自分の考え方（認知）や対人状況での行動の取り方を改善するための方法です。いろいろなやり方がありますが，これからの出来事に備えて，あらかじめ行動の練習をしておく「行動リハーサル」は代表的なものです。今日，行動リハーサルをする機会があれば，またその時にやりながら，順番に一つひとつ説明しますね」

### ②練習課題を決める

　練習したい課題を当日，持ってきた人がいれば，手を挙げて発言してもらいます。私から，参加者の自己紹介やウォーミングアップ活動の様子を見て，特定のメンバーに練習課題を提案することもあります。たとえば，自己紹介で「数年前まで会社人間だったが，いまは夫婦で過ごすことが多いので，家庭でのコミュニケーションの取り方に関心がある」と言われた男性がいました。家庭のなかのどんな状況で，どんな会話を上手にできることを希望されるかをお聞きしたうえで，配偶者との会話の練習に導入したこともありました。

　あるいは，「挨拶する」，「感謝する」，「謝る」，「誘う」，「断る」，などの基本的なコミュニケーションの課題を半紙に墨で書いたものを用意しておき，それらを白板に貼り，そのなかから自分の練習課題を選んでもらうときもあります。季節に合わせて，クリスマスプレゼントを人にあげる練習や，お正月にちなんだ対人行動を練習することもあります。

## 6．ある日の「誰でも SST」風景を紹介します

　参加メンバーの名前はすべて仮名ですが，セッションの実際の様子を紹介します。

　〇月〇日

　（1）時間になったので始めます。コロナ禍で今日の参加者は当事者 2 名，家族 5 名，一般の人 8 名，セッションを進めるスタッフ 1 名と記録者 1 名の計 17 名。はじめの挨拶と参加のルールの説明が終わりました。

　（2）ウォーミングアップとして，ペアを作って話をしてもらいます。そのため，始めに軽いお喋りにふさわしいテーマをグループメンバーに自由にあげてもらいました。「行ってみたいところ」「好きな食べ物」「持ったことのある自分の夢」などがあがったので，それらを白板に書き，参加者にペアになってもらいました。前田（私）が立ち上がり，ペアの相手がはっきりわかるように，円の端から二人ずつ，区切っていきますが，途中ご夫婦が隣り合っていたので，別の方と組むように席を動いて頂きました。グループ全員で八つのペアができました。

　前田は全体に向かって「互いにまず，名前を名乗ってほしいのですが，そのあと白板に書かれたテーマのうち，自分たちはどのテーマで話すかを決めてから，話し出して下さい。ペアで話をするのに 6 分間を差し上げます。決まったテーマで相手に話をする，相手の話を聞くという作業を始めましょう」と話しました。どのペアもいっせいに話しだし，自由に課題をこなしている様子がわかります。時間がきたときには「はい，有り難うございました。皆さん，楽しそうに話しておられましたね」とみた様子を話します。

　（3）前田「それでは続いて，同じテーマでグループ全体にむかって話をする練習に移りましょう。人の前で話をする練習をしたい方はいますか。」するとすぐ，美知子さんがさっと手を挙げました。この方は先月から参加して，今日が 2 回目。40 代の半ばの方ですらりと背が高いです。すぐその場に立って「好きな食べ物の話をします。私は桃が大好きで……」とその理由と食べたときの思い出を要領よく語りました。

前田は「すばらしいお話，ありがとうございました。美知子さんの良かったところをご本人に伝えましょう。人の前で話すという課題にチャレンジしてくれた美知子さんの話しかたはどこがよかったでしょうか」

たくさんの手があがって，それぞれが美知子さんに向かって「みんなの方をみて話していた」「笑顔がすばらしかった」「すぐ，話し始めたのに話の順序がとてもよかったので，すごい力だと思った」「声がすがすがしかった」「しっかり立って，姿勢がよかった」などとたくさんの正のフィードバック。なかでもシャロームの会の SST に参加している当事者で，ここにも来ている方が率先して積極的に美知子さんのよかったところを褒めました。SST を続けていると人のいいところに早く，たくさん気がつくようになりますね。

前田「たくさん，いいところがありましたね。さらに良くするところを，私は全然思いつきませんが，どなたか提案がありますか？」誰も発言無し。「美知子さん，100 点満点でしたね！」と，この練習は終わり。

（追加説明です。何カ月もあとのセッションで，美知子さんはこのときの経験について述べています。「私はあんなにたくさん人から褒められたのは初めてで，涙が出そうでした。あのときのことは忘れられません」と。美知子さんはいつか，グループのなかで，「私はアルコール（依存）の勉強を 10 年間してきました」と言われたことがあるので，いろいろなご苦労があったのかもしれません。褒められ，認められることは誰にとってもよい経験ですが，このような機会に恵まれてこなかった人も少なくないと思います。よいところを認めてもらうことで，美知子さんは人との暖かいつながりという，もっと大事な贈り物をもらったのではないかと思います）

（4）その後，次の練習へ。「ご自分で練習してみたい課題を持ってきた方はいらっしゃいますか？」という前田の質問に，もう常連になっている恵子さんが手を挙げました。「実は夫に謝ってほしいことがあるのですが，その気持ちをどう伝えたら良いものか」ということです。恵子さんは 30 代の初めで結婚しておられますが，まだお子さんはなく，福祉関係の仕事に打ち込

んでいる様子が以前からの発言でわかっています。いつもセンスのいい服装
で，素敵な笑顔の持ち主です。

　以下は恵子さんの説明です。恵子さんは先日自宅で，夜10時頃，まだパソ
コンで仕事をしていましたが，お風呂に入る夫のために新しい石けんなど
を用意しようとお風呂場に行きました。その間に，テーブルのそばを通った
夫が恵子さんのパソコンの電源を切ってしまいました。お風呂場から帰って
きた恵子さんは電源が切れているパソコンをみて，「まだ仕事中なのに」と
いうと夫が，「使っていたのか。使用中という紙でも載せておくと良いのに」
と言いながら，お風呂場に行ってしまいました。恵子さんとしては夫が当然
「まだ使用中だったの？　ごめんね」と言うだろうと思っていたので気持ち
が収まりません。そのときは何も言わなかったけれど，これからもあるかも
しれないので，そんな時はどう言って夫に謝ってもらえるだろうか，という
訴えでした。
　支援者が次にすべきことは，当事者の訴えの中から本人の認知や行動を改
善する標的，あるいは，学習課題を見つけることです。支援者は夫にあや
まって欲しいと要求する「行動」に焦点をあてることもできますし，これは
謝るべき状況だと認知している恵子さんの「考え方」に焦点をあてることも
できます。支援者はとっさに認知を取り扱ったほうが，もっと恵子さんに
とって，効果的な学習になるかもしれないと判断しました。
　支援者の私は『インスタント・サーベイ（即席調査）』と私が名付けてい
る技法を使いました。
　前田「恵子さんの怒りの気持ちはよくわかりました。あやまってくれるの
が当然と思ったので，今度に備えて，謝り方を学習したいという希望でし
たが，ひとつ提案があります。インスタントサーベイという技法を使って，
全員に動いてもらいましょう。〈当然，夫に謝って欲しい〉と思う方は右，
〈謝ってもらわなくてもいい〉と思う方は左に立って下さい」とお願いする
と全員が自分の考えに従って，左右に分かれました。その結果はどうだった
でしょうか。夫に謝ってもらいたい人は8名，謝ってもらわなくてもよい人

も同じく8名の同数になったのです。

　前田「恵子さん，こういう数になりましたが，どう思われますか？」

　恵子さんはちょっと驚いた感じで「半数の人が謝らなくてもいいと考えているいのがすごく意外でした」とのこと。

　前田「どちらの側の人たちの考えを聞いてみたいですか？」

　恵子さんは「謝らなくてもいい」と考えた人たちの理由を聞きたいとのこと。

　前田は「どうぞ，恵子さんからどなたでも選んで質問して下さい」と促しました。

　恵子さんが「夫が謝らなくてもいい」と考える人たちからもらった主な答えは以下の通りでした。

・意地悪でやったわけでなく，「使用中」の紙を置いておくのは良い考え。

・「謝って」とこだわると喧嘩になるかも。平和がいい。

・謝ることを要求せず，「まだ使う？」と聞いて欲しいとお願いする練習のほうがいいと思う。

・10時過ぎまで，一人で仕事をしていないで，そろそろおしまいにして二人の時間を持ちたいねという夫の願いがあったのでは。

・「お互いに，人生良かったね」といえるような平和な生活をしたいと思うから。

　恵子さんは「今日は，自分の問題を出してドキドキしましたが，こんなに
いろいろな考え方を聞いて気づくことがたくさんありました。みなさんに協
力してもらって嬉しいです。もっと考えてみます」と感想を述べておられま
した。自分で納得のいく考え方ができ，適切な行動を選ぶには，時間がかか
りますが，人数が多いと自分でも思ってもみなかった考えを知ることができ
ますね。今日は，恵子さんにとって，少なくとも自分の認知レパートリーを
広げるという大事な学習ができたと思います。

　（5）そろそろ終わりの時間になったので，全員に今日の感想をいってもら
い，終了にしました。笑いを誘う感想もあり，いい雰囲気。来月の日程を確
認して終わりました。（さあ，お茶にしましょう！）

## 7. 私が「誰でもSST」から学んでいること

　若い人から90歳までの幅広い年齢，仕事もさまざま，生活もさまざまな
人たちが毎月1回，約1時間半を一緒に過ごして，ともに助け合い，学び合
うことから得られるものは大変多いです。生きていくことは問題解決の連続
で，誰の人生にも苦労はつきものです。そのなかでも，人は耐え，努力して
います。高齢の参加者の一人が，「ここに参加する前は困っている人の話を
聞くと〈なんで！〉とか〈どうして？〉とすぐに思い，自分がその人の行動
を直してあげることを考えていました。でも，ここに来て，まずその人が頑
張っているところ，健康なところを見つけることの大切さを学びました」と
感想を述べておられました。確かに，「誰でもSST」の場にいれば，キツイ
苦労の人生のなかでも，さらに成長したい人がいること，お互いに心を開け
ばみんなで助け合うことができるという事実に胸を打たれます。一人ひとり
が私の人生の師であることを痛感し，感謝しています。

## Ⅲ　少年院でのソシオドラマ

### 1.　教育方法としてのソシオドラマ

　ソシオドラマ（sociodrama）には社会劇という訳語もありますが，私は，そのまま「ソシオドラマ」という言葉を使っています。ソシオドラマは，精神科医のヤコブ・モレノ（Jacob Levy Moreno；1889-1974）が考案した方法です。

　モレノの父親はトルコ人で，母親はユダヤ人でした。ルーマニアのブカレストに住んでいましたが，6～7歳の頃，一家はオーストリアのウィーンに引っ越しました。彼はやがてウィーン大学の医学部を卒業し精神科医になりましたが，ナチスの影響が強くなったウィーンでユダヤ人への圧迫が次第に大きくなり，モレノは1925年にユダヤ人難民として，アメリカに移住しました。成功しているユダヤ人が多く住むニューヨークに落ち着き，精神科医として活躍しましたが，刑務所や女子少年院の教育にも協力し，さらにニューヨーク大学などで講義もしました。

　モレノの貢献でよく知られているのは演劇的な手法を集団精神療法として使うサイコドラマ（psychodrama）を作り上げたことです。サイコドラマは主役と呼ばれる個人が自分の心理的な葛藤を，グループのなかで監督とよばれる治療者や参加メンバーに助けられながら，即興的に場面を作り，演じていきます。それによって自分の葛藤について洞察を深め，新しい行動のとりかたに気づくことを目的にしています。モレノはサイコドラマを実践しながら多くの弟子を育てましたが，その一番弟子は妻のザーカ・モレノ（Zerka Moreno）でした。ヤコブ・モレノの理論にそって，彼が考案した技法を駆使して感動的なドラマを見せたザーカはサイコドラマの共同創立者（co-founder）と呼ばれています。ザーカは99歳の生涯を終えるまで，日本を含め世界各地にサイコドラマを根付かせる大きな役割を果たしました。私も直接，ザーカの晩年までサイコドラマを教わることができ，ザーカには深い尊

敬と感謝の思いを抱いています。

　さて，モレノはサイコドラマのほかにソシオドラマをも考案しました。ソシオドラマは，ある特定の人物の人生や一つの社会的な出来事にさまざまな役割で関わる人びとをグループで即興的に演じることにより，人や出来事に対して新しい理解が育つことを目的にしています。サイコドラマとソシオドラマの監督の機能の違いについて，高良聖は「サイコドラマはセラピスト，ソシオドラマは教育者」と分類していますが，私も同じ意見です[注2]。

　ウィーンに住んで人種的偏見や保守的な社会のあり方に多くの疑問を持ったモレノでしたが，新天地のアメリカでも同じく人種的な偏見を体験し，さらに多民族から成るアメリカの複雑な社会的，政治的側面に触れて，モレノは相互理解の必要性を日常的に感じていたに違いありません。スターンバーグ（P. Sternberg）とガーシア（A. Garcia）がまとめたソシオドラマの本に，ザーカは序文を書いていますが，そこには，モレノがさまざまや社会問題を取り上げてソシオドラマを行ったこと，そのなかにはケネディ米大統領の暗殺事件もあったことを述べています。それを読んだとき，私は思わず，「えっ！　見たかった!!」と心の中で叫んでしまいました[注3]。

## 2. 私とソシオドラマ

　私は1983年にザーカのサイコドラマ・ワークショップに参加して以来，サイコドラマに深く魅せられ，増野肇先生をリーダーとする東京サイコドラマ研究会（現在の東京サイコドラマ協会，以下東京サイコと呼ぶ）の一員としてサイコドラマの勉強を続けてきました。東京サイコは毎年のように海外から優れたサイコドラマの指導者を日本に招いて研修会を開きましたし，東京サイコの会員も積極的に海外に行って勉強しました。私は1987年，オーストラリアのパースに10週間滞在して，東京サイコの仲間，佐藤豊さんと一緒に，さまざまなアクション方法を学びました。ソシオドラマはそのときにワーレン・ペリー（Warren Perry）から丁寧に教えてもらいました。

　ワーレンによれば，ソシオドラマには人物中心ソシオドラマと課題中心ソシオドラマがあるということです。「人物中心ソシオドラマ」に関しては，

次のように説明してくれました。オーストラリアは移民が発展させた国で，多くのオーストラリア人にとって，なぜ自分の先祖がオーストラリアに移住したのか，自分はどのように育ってきたのかいう個人史をより大きな歴史のうねりのなかで多面的に検討することは，とても意味のある体験だということでした。

「課題中心ソシオドラマ」については，私が実際に体験したドラマを紹介しながら説明します。ワーレンは10週間のワークショップに参加した私たち20名ばかりのグループで「戦争と平和」をテーマにしたソシオドラマを何回かに分けて体験させてくれました。佐藤さんと私が日本，残りの18人は英，米，ニュージーランド，オーストラリアの出身なので，全員第二次世界大戦のときには互いに敵国人だった人たちです。まず，ワーレンは戦争が始まる直前に，それぞれの参加者の国の状況を即興劇にするところから始めました。教会や新聞社の様子が演じられました。それから，戦時中の場面に移りました。私が知らないことも多くあり，オーストラリア人の一人は，自分のお父さんが日本軍の捕虜になり，ひどい扱いを受けている様子を演じました。私は自分の息子や夫が軍隊に入って戦地に赴くために家を出て行くときの様子（当時はこれを出征（しゅっせい）と言いましたが）をみんなに演じてもらい，表では「万歳！　家の名誉だ」と笑顔の家族が，誰もいないところでは号泣する様子を，みんなに演じてもらいました。乗る軍艦が一隻もなくなった海軍が早く戦争を終えたいと願い，本土決戦までは戦争をやめたくない陸軍と対立する場面もみんなに演じてもらいました。遂に広島に原爆が落とされ，参加していた全員が床に倒れたままの場面になると全員のエネルギーも燃え尽き，かなり長い沈黙のまま，みんなは死んでいました。

すると，突然，戦後生まれの佐藤さんが立ち上がり「戦争を知らない子どもたち」という歌を歌って踊りだしたのです。場面は一転しました。私たちはみな，エネルギーを取り戻して，一緒に起き上がり，戦後の新しい時代の人になって再生しました。最後に監督のワーレンは戦争で亡くなった人たちの墓参をする場面を作り，私たちはみな戦争で命を失った人たちに自分のメッセージを一人ひとり告げたのです。私たちのソシオドラマは終了しまし

た。これはシェアリングを兼ねたすばらしい締めくくりでした。

　ドラマが終わって，立ち上がった私たちは互いに顔を見合って，「昔は敵だったんだね！」と改めて驚き，涙と共に新しい友情で胸を一杯にして固く抱き合いました。何十冊の「平和」の本を読むより，もっと戦争の愚かしさと平和の尊さを学んだすばらしい体験でした。

## 3. 少年院でソシオドラマを行う意義

　私は 1994 年に東京矯正管区が 1 週間にわたって行った少年院教官のための SST 研修の講師に招かれました。それがきっかけで各地の少年院を訪問し，少年たちと一緒に SST を行うと同時に，少年院で実施されている SST 以外の教育プログラムにも関心を持つようになりました。そしてソシオドラマも少年たちの教育に必ず役立つと思うようになりました。社会の生活はいろいろな人びとの支えあいによって成立しています。少年もその恩恵のなかにいるのですが，日頃はそれをめったに意識しないのが普通です。もし，少年らと一緒に，一人の赤ちゃんが生まれてから，中学生になっていくまでの，いろいろな出来事を即興で演じてみると，人間の生活が相互依存と協力で成立している事実に気付くことができ，それは少年にとって今後の自分のあり方を考えなおす一つのきっかけになるだろうと思いました。また，被害者の立場をドラマで経験すれば，「被害者の視点を取り入れた教育」にもなるだろうと思ったのです。でもそれは私の仮説であり，やってみなくてはわかりません。

　私はこの考えを信頼する少年院の教官や院長にお話しして賛同して頂き，合計 3 回のソシオドラマを少年院で実施することができました。結果は，私の仮説を証明してくれるような，積極的な反応が毎回得られたと思います。以下，どのようにドラマを展開したのか，参加した少年たちの様子はどうだったのか，少年たちは参加してどのような感想を持ったのかを一つの少年院を例に報告します。少年院の名前を仮に東京少年院とします。感想文のほんの一部をそのまま少年の書いた通りにお伝えします。以前，ソシオドラマの実践については，2 回実施した後に「社会福祉研究」に発表したことがあ

りましたが，今回は3回目も振り返り，さらに支援者の動きを細かく解説し，関心ある読者がソシオドラマを行うことができるように詳しく述べています(注4)。

## 4．少年院で実際にやったソシオドラマ

　実際のソシオドラマをどう行ったのかを述べますが，段階毎に少年たちの感想の一部をそのまま紹介してあります。

### 1）事前の準備

①数週間前，教官に「私が行って，生徒らと一緒にソシオドラマをすること」を予告してもらうようにお願いしました。それはソシオドラマが少年たちには新しい経験なので，あらかじめ動機づけしておくことが大事だと考えたからです。

> 少年の感想文より
> 「今回ソシオドラマに参加するにあたって，とても楽しみにしていました。それは，先生（教官）の先生がくるということで，どんなことを教えてくれるのか，どういう展開になるのかという思いがあったからです」

②授業の枠は2時間にすることをお願いしました。
③当日開始前に，一緒に指導にあたる少年院の教官数名に，一人の架空の少年を主人公にして，人物中心ソシオドラマを以下の順序で行うことを説明しました。そのなかで教官の協力が必要なところを特に詳しく説明しました。

　みんなで相談して少年の名前を決める。全体のグループを「運命のグループ」と「天使のグループ」の二つに分け，少年が成長の過程でどんな出来事を経験するか，二つのグループのなかで相談しながら決める。以下が予想している大体のドラマの場面です。

A．生まれた時の家族の場面。

B．子どもが病気になる場面。

C．子どもが遊園地で遊ぶ場面。

D．中学校になっての経験。

E．中学生の修学旅行の場面。

F．ガールフレンドが下校の帰り，ひったくりにあう場面。

G．少女を見舞いに大勢が病院に行く場面。

H．フィナーレ：少女の回復を喜んで一緒に帰る。

I．ドラマを終了し，役割を解除する。

J．二, 三人のサブグループで気持ちをシェアする。

K．終わりの挨拶。

L．居室の寮で感想文と評価を書いてもらう。

④教官らに，参加者のうちとくに配慮が必要な人物がいるかどうかを伺う。教官からの報告で参加予定者23名のうち，2名は見学を希望したので見学者席にいることを知る。少年のなかには，すでに小さい子の父親となっている人もいるが，とくに配慮は必要でないとのことでした。

⑤ドラマをする部屋の点検をしました。ソシオドラマを行うのに適当な広さかどうか，どこを舞台として使うことができるか，照明の様子，避難口はどこかなどを事前に調べておきました。机は不要なので，前もって椅子だけにしておくよう依頼しました。白板と適当な太さのマーカーを黒と赤の二つ，用意するようにお願いしました。マイクは不要。

## 2）授業の開始

### ①これからやることを説明し，参加のルールを確認する

集まった少年は23人，うち2名は教室の後ろの見学席にいます。みなさん，真面目な顔をして立ち上がり，初めて会う私に「お願いします！」と大きな声であいさつされました。緊張している少年たちを前に私はこれから一緒にやることを説明します。見学席の二人にも視線を送ります。

「今日はみんなで一人の男の子の成長を体験して楽しみたいと思います。

私たちはみな，赤ちゃんとして生まれ10代になるまで，いろいろな経験を
しますが，みんなでその子の経験を即興劇で演じてみます。みなさんを二つ
のグループに分けます。こちらのグループは「運命のグループ」で，こちら
半分は「天使のグループ」です。

「運命のグループ」には成長の過程で普通に起きてくる事柄を考え，提案
してもらいます。みんなで相談しながら，その場面を作りますが，私が場面
を提案することもあります。「天使のグループ」の人たちはその主人公が幸
せになるように守ってほしいので，主役の少年の運命にいいアイデアをだし
てください。みなさんが劇の中のいろいろな人になって積極的に参加し，楽
しんで下さるようにお願いします。

参加のルールがあります。いやだと思うことは，一切しなくてもいいで
す。もし，役割を打診されても，気が進まないときは「パス」と言ってくだ
さい。もう一度言いますが，この役はどうですか，と言われても気が進まな
かったら，断るのは自由です。どの役をするかは，みなさんの希望を尊重し
ます。複数の希望者がいるときは，話し合ってきめましょう。質問はいつで
も受け付けるので，手を挙げて質問して下さい」私自身はリラックスして，
このような話をしましたが，もちろん，ほとんどの少年たちはまだ，固い表
情のままです。でも，いよいよドラマに入ります。


②ドラマの展開

A. 少年の名前を決め，父親が産院を訪れる場面を作る

「みんなで育てていく主人公の男の子には名前が必要ですね。ここは東京
なので，東（あずま）君という名字にしたいと思います。いいでしょうか。
（白板に教官が東と書きます）はい，では，その下の名前はなんとつけま
しょうか？」（こちらの顔をみてくれている少年を指して）「何か，いい名前
がありますか？」と聞くと「太郎がいいと思います」「ああ，有り難う。み
なさん，どうですか」ほかの意見がないので，東太郎君という立派な名前が
決まりました。

監督の私は「天使グループ」に意見を聞き，この太郎君は，どんな家庭の

赤ちゃんで，どこで生まれるかを考えてもらった結果，この太郎君は両親が揃った家の赤ちゃんで，産まれるのは病院とのこと。「わかりました。それでは，まず病院の場面をつくりましょう。私は監督になって，これからの劇の進行に責任をとります。ここが舞台です。病室にお母さんがいます。ちょっと前の方に椅子を三つ並べてもらっていいですか？」「ここを舞台と呼びましょう。みなさんは，舞台が見えるように，ご自分の椅子を自由に動かして，観客として座って下さい」（ここで初めて舞台を作ります。ソシオドラマが初めての少年たちの抵抗を少なくし自然の流れの中で，劇の準備をするためです）。

　少年たちは移動して，舞台という名を与えられた空間に向かって座り直します。「まず，お母さんが必要です。お母さんはさっき赤ちゃんを産むという大きな仕事を無事終えたので，ほっとしてベッドに休んでいます。お母さん役はあまり話さなくもよく，ただ寝ていてくれればいいので，誰か，お母さんになってくれる人は？」

　少年たちは笑いながら互いにゆずりあっていましたが，そのうちの一人に依頼すると舞台に出てきました。「お母さん，おめでとう御座います。ちょっとこの椅子に座っていて下さいね。気分は大丈夫ですか？　体温は上がっていませんか？」（これは監督が役割を取る人に対して，その役割にウォームアップができるよう働きかける技法で，ロール・インタビューと呼ばれています）。

　「いま，太郎君の寝るベッドをお母さんの近くに作りますからね」と監督の私は少し離して椅子を置き，自分の上着を丸めて置いた上にスカーフをそっとかぶせるとベッドに寝ている赤ちゃんがみんなの前に姿を現しました。

　「お母さんが横になる前にこの部屋に入ってくるお父さん役が必要ですが，お父さんになってくれる人は？」と聞くと，すぐ手を挙げて希望者が出てきました（少年たちのなかに実際に子どもを持つ父親がいることを聞いていましたが，この人がそうなのかどうかは外部の人間である私にはわかりません）。「ああ，有り難う御座います」と監督の私はすぐ，お礼を言いました。

お母さんに横になってもらい，出産を知ったお父さんが病室に駆け込んでくる場面からドラマが始まりました。

　お父さんは部屋に入ると急いでお母さんのそばによるとすかさず，「おお，ご苦労だったなあ」と言ったので，少年たちはみんな笑いました。お父さんは，またすぐ赤ちゃんの顔をのぞきこみ「おお可愛い子だ！　太郎だ！！」と喜び，抱き上げましたら本当に赤ちゃんがお父さんの腕に抱かれているように見えました。これで雰囲気は一変しました。さらに，お父さんはお母さんのほうを見て「気分はどう？　大丈夫？」といたわりました。監督はその名優ぶりに感動して，「いいお父さんですね！」と言いながら，お母さん役に「どうぞ」と返事を促すと「大丈夫」とお母さん役も可愛い返事をしたので，みんなにまた，笑いがこぼれました。いまや観客はすっかり場面に引き込まれています。次に監督はお父さんに「電話して知らせるところはありますか」と聞きますと「はい，親に」とのこと。「天使のグループ」に，この二人がみんなに祝福されている夫婦なのか，それとも二人だけで頑張っている夫婦なのかを聞きましたら，「天使のグループ」は双方の両親に応援してもらっている夫婦とのことでした。

　お父さん役の少年は，まず自分の両親，次に妻の両親に男の子の誕生を知らせることを希望したので，父方の両親と母方の両親になる人を決め，それぞれが電話を受けて誕生を喜ぶ場面が即興的に演じられました。みんなが大喜びで新しい命の誕生を祝福している様子でした。ここまでくると少年たちはどんなことをやっていくのかが，だんだんわかり興味を持ってきた様子です。冷やかしたり，そっぽを向いている人は誰もいません。見学している少年も含めて，全員が顔をあげて，次の展開を待っている様子でした。ここまででウォーミングアップができ，ドラマは順調に進んできました。

少年の感想文より
　「私は初めてソシオドラマをやってみて，はじめのうちは緊張して固くなってしまったり，どのようにやっていくかがわからず戸惑っていましたが，進めていくうちに要領もわかってきて楽しくなってきました」

## B. 子どもが病気になり，救急外来で治療を受ける

　監督が「運命のグループ」に聞きます。子どもが大きくなる過程で起きる出来事は何でしょうか？」メンバーの一人が病気，と答えました。監督は言います。「その通りですね。赤ちゃんの多くは始めの半年間はお母さんから病気に対する免疫をもらっているので，ほとんど病気をしないで育ちますが，そのうち，だんだん，病気をするようになりますね。すくすくと育ってきた太郎君でしたが，3歳になったとき，夜中に突然すごい熱を出しました。お父さんとお母さんがとても心配して，お父さんは救急車を呼んで太郎君を病院の救急外来に連れていきました。」このようなシナリオを提案しました。この時点で，お父さん役，お母さん役を別の少年にふり，できるだけ，多くの少年が参加できるようにしました。

　通報を受けて，消防署の救急車担当の職員が急いで救急車に乗り出動します。この場面は教官に協力してもらい，子どもと親は救急車に乗って病院の救急外来に来ます。少年たちは，医師や看護師になり，親切に診察や治療に対応します。与えられた劇中の役割を一所懸命に演じる少年たちと観客たちは世の中の大部分の人が寝ている時間にも，命を救うために懸命に働く人の姿を直接的，間接的に体験することができました。

> 少年の感想文より
> 　「人はひとりでは生きていけないとよく聞きますが，これほど実感したことはない気分がしました。子どもが小さいうちは片時も目が離せない状態で，放っておけば命にかかわることもあり，親としては毎日が本当に大変なんだとわかりました」

## C. 子どもが公園で遊ぶ。同じ頃，市の公園課で会議をする

　監督は子どもが4〜5歳の時は，どんなことをして時間を過ごすかを「運命グループ」に質問すると，「遊ぶ」という返事が多かったので，公園の場面を作りました。すくすく育って5歳になった太郎君は近くの公園で近所の子どもたちと遊んでいます。太郎君を連れてきた母親に必要ならば監督が

台詞（せりふ）を教えます。たとえば，「ブランコに乗る？　それとも滑り台にする？」など。見ている少年たちの経験も入れて，あたかもブランコをこいでいるかのように，または滑り台のてっぺんまで，おそるおそる登っているかのように演じるのを助けます。見つけた近所の子と一緒にボールを転がして遊びます。参加者の自発性を尊重して公園で子どもが遊ぶ場面を自由に演じてもらいました。

　しかし，その遊ぶ場面を監督は比較的，短時間のうちに途中で止めます。止める技法を英語ではフリーズ（freeze；凍るという意味）といいます。みんなに監督が「フリーズ」といったら，すぐ場面の動作を止めるようにと説明し，場面のフリーズに協力してもらいました。そして，新しい場面として，監督は同じ時間に持たれている区役所の公園担当の部署（公園課）の会議の場面を作りました。必要な役割は公園課の課長さん，課長補佐，公園課の職員で，みな公務員です。監督は公園課の課長さんにインタビューして，公園課の仕事をいろいろ説明してもらいます。課長には少年になってもらいましたが，監督が少し誘導する形で公園課の仕事を教えました。たとえば，公園課には限られた予算の中で遊具の補修や設置を考える仕事，公園の木々に手を入れて緑陰を保つ仕事，公園を綺麗に保つために落書きなどを防ぐ仕事，「遊びボランティア」を募集して訓練し，子どもが楽しく安心して仲良く公園で遊べるように計画するなど，いろいろな仕事があることがわかるようにしました。

　これらの課題の中から，今日の会議で話し合う議題を課長補佐になった少年から選んでもらいます。課長補佐が選んだ議題は，その日は遊具の修繕についてでした。監督に補佐されながら，少年たちは自発的に発言する場面を展開していきました。公園課の職員になった教官の一人からも市民にボランティアとして参加してもらうための提案があり，会議らしくなってきました。無心に子どもが公園で遊んでいる一方，そのために蔭で骨を折っている人たちがいることを少年たちに経験してもらいました。

## D.　中学生になる：ガールフレンドができる

　時間の都合で，太郎君はもう中学生になりました。監督は運命グループに「中学になったら，何が起きますか？」と聞きましたら，打てば響くように数人が「告る！」と口々に言ったのです。すっかり乗っていますね。天使グループは「女の子も太郎君が好き」と決めました。「いいですね，その場面を見ましょう。中学生の太郎君とガールフレンドの役を誰にやってもらいましょうか」全員が好奇心いっぱいの大事な役には，自薦と他薦がありましたが，あまり，もめないですんなりと二人の人物が決まりました。みんなからの自由な助言もあり，その場面の筋書きもどんどん決まりました。少女の名前は太郎君役が「まりちゃん」と名付けました。太郎君は校門をでたところに，まりちゃんがいて，一緒に帰りながら，告るのだそうです。「つきあってくれない？」という男の子の言葉に「いいよ」と受け入れる女の子。共通の漫画本や音楽の話などをしながら道を歩いて行く場面はとても微笑ましいもので，少年たちはなかば笑いながら，なかば真剣に見ていました。

## E. 中学3年の修学旅行

中3になると泊まりがけで修学旅行に行きます。少年院にいる少年のなかには，修学旅行に行きたくとも経済的な事情から行けなかった少年もいますし，学校から参加の許可がでなかった少年もいますが，このときみんなに聞いてみると，行った少年のほうが多かったので，この場面をやることにしました。場面は夜で，布団をひいた部屋でみんなリラックスしています。早速，枕投げをしている人たちもいます。「もう，静かにして寝なさい」と先生役が部屋を見回りにきます。その場面をフリーズして調理場を作ります。5人くらいの人がまだ，夕食の後始末をしたり，明日の朝の食事の用意のために食材をチェックしたり，食器を点検したりして，みんな忙しそうに働いています。旅館の女将（おかみ）が言います。「生徒さんに明日の朝，美味しいご飯を食べてもらいたいから，さあもう少し頑張ろう」みんなが「はい」と返事をして，この場面が終わります。気がつかないところで，自分たちのために，懸命に働いてくれている人たちに思いがいったでしょう。

## F. ガールフレンドが下校のときにひったくりに遭う

この次の場面は監督が提案するものです。監督が言います。「再び，まりちゃんに登場してもらいます。まだ役割をやっていない人はいますか。その人にまりちゃん役をやってもらいましょう」「その日，まりちゃんはクラブ活動で遅くなるので今日は自転車で登校しました。もう帰る時間です。自転車を一所懸命にこいでいる場面を見ましょう（小さな椅子を自転車のサドルに見立て，まりちゃんは後ろ向きに椅子に座って足を動かします）。

ここまでの説明をして，監督は「ちょっと，ここでカーテンを引きます」とイメージでまりちゃんの前にカーテンを引く真似をして，まりちゃんがみんなからは見えないというイメージを作りました。しかし，監督はみんなに聞こえる大きな声で，まりちゃんに向かって話しかけます。「まりちゃんは，これから知らない人に鞄をひったくられます。そのとき，残念なことにひどく転んで足を折る大怪我をします。痛い痛いと泣いているところを通行人がきて，110番に知らせますからね」とカーテンの蔭でまりちゃんに話すイ

メージですが，みんなに聞こえる事が大事です。この技法はサイコドラマで
使う「カーテン技法」です。ここで，この技法を使う理由は，被害者のまり
ちゃん役やその場面を見る少年たちに，ひったくりという場面に心理的な準
備をしてもらうためです。とくに少年のなかには加害者だった者もいる微妙
なテーマだからです。話し終えた監督は「では，カーテンを開けます」とイ
メージのカーテンを開くジェスチャーをします。

　ドラマはまりちゃんが自転車に乗って無心にサドルを踏んでいるところか
ら再開。すぐ，ひったりくり役の教官が突然現れて，自転車（椅子）の背に
かけた鞄を力いっぱい取ったとき，まりちゃんは自転車（椅子）とともに倒
れ，足が痛いと声をあげます。すぐ，通行人がまりちゃんを見つけ，110番
して，場面は終わります。

### G. まりちゃんを見舞いに大勢が病院に行く

　監督が言います。「まりちゃんが足を折ったので，入院することになりま
した。大変なケガなので，みんなが心配して，それから数日間いろいろな人
が病院にお見舞いに行きます。病院に行くほど，まりちゃんを心配する人は
誰と誰でしょうか？」少年たちが口々にあげた人物になった人が舞台に出て
きます。たとえば，両親や兄弟姉妹，親戚の人，学校の先生や友人（太郎君
もいれて），クラブ活動の仲間たち，隣のおばさんもいるかもしれません。
さらにお見舞いに行かなくとも，いつものその人がいく場所で心配してくれ
る人をあげてもらいます。そろばん塾の先生や学習塾の先生かもしれませ
ん。まりちゃんが買い物に行く近所の八百屋のおばさんや文房具店の店員さ
んもいるかもしれませんし，お父さんの職場の友人やお母さんの友人なども
いる可能性があります。次第にその日の参加者全員が役割をもらい，部屋全
体が舞台になりました。監督は，そのうちの何人かにインタビューして，心
配な思いを話してもらいます。こんなに細かい人間関係のネットワークのな
かで生活していることが「見える化」されます。

### H．フィナーレ：太郎君はまりちゃんの回復を喜んで一緒に帰る

　監督は言います。「さあ，最後の場面です。日本の医療と天使の働きは素
晴らしいです。まりちゃんはすっかり元気になってまた，学校に行っていま
す。今日はいつものように太郎君と学校から帰ります。それでは二人の様子
を見てみましょう」そこで二人が登場し，太郎君はまりちゃんが元気になっ
たことを喜び，二人で楽しく話しながら道を歩いてフィナーレとなります。

## I.　ドラマの終了を宣言し，役割の解除を行う

監督は言います。「みなさん，素晴らしいドラマでしたね。いろいろな役割を演じていただき有難うございました。これから役割解除を行います。いままでの役割を振るい落として，自分に返ってください。ではみなさん，私のように体中をぱたぱたと軽く叩いて，役割を払い落としてください。先生方もご一緒に役割を振るい落しましょう。終わりましたら，一歩前にでて，いつもの自分に戻りますが，その時は声を出して〈戻りました！〉と言ってください」

監督はまず，自分でやって見せ，少年たちも教官も役割解除をします。

## J.　シェアリングをする

監督は言います。「それでは，みなさん，近くの方，3人ずつ集まって，一つのグループになって下さいませんか。はい，そうです」と監督は自分から動いて，トリオを作るように手を貸します。この日は参加者が23人だったので，七つのトリオと見学者のペアで，八つのグループが出来ました。自分がドラマで感じたことを自由に話してもらう時間で，これをシェアリングと言います。どの少年も互いに熱心に話していたので，安心できる時間でした。6～7分経ったら，話し合いを終えてもらいます。

## 3）ソシオドラマの終了を告げる

私は少年たちの協力に心から感謝して，ドラマの終了と授業の終わりを告げます。少年たちは教官にも授業時間の終わりを告げられ，一同起立していっせいに大きな声で「有難うございました」といつものクラスの終了のように，礼儀正しく退室しました。

## 4）少年たちの評価

この授業は，すべての少年が寮舎に帰り，感想文と評価表を提出して正式には終わりになります。感想文の一部はすでに紹介した通りです。評価表は5段階評価で二人の見学者も含めて23人の少年が提出しました。結果は以

下の通りでした。

### 参加者 23 人の興味の度合い

5. 大変興味深かった――――　13 人
4. やや興味深かった――――　　6 人
3. 普通―――――――――　　4 人
2. あまり興味がもてなかった　0 人
1. 全然興味がもてなかった　　0 人

## 5. 少年院のソシオドラマについて，今思うこと

　ある会合で少年院出身の青年の話を聞いたことがあります。その青年は出院の日，迎えにきた父親と二人きりになったとき，真っ先に言った言葉は「父さん，おれがここから書いた手紙，あれ全部ウソだからね」だったそうです。少年たちの感想も評価も，どこまで本音として受け止めていいのか，私にはわかりません。ただ，少年たちが参加の過程で，緊張をほぐし，だんだん楽しんでいった様子や自発的にその場にふさわしいセリフをいい，行動をとってくれた様子から，ほとんどの少年たちがこの経験を楽しんでくれたという印象は持ちました。日ごろから少年たちをよく知っている教官はどなたも「多分，感想には本音を書いていると思います」と私に告げてくれました。

　私の願いは，もっと多くの少年たちが，いろいろなテーマのソシオドラマを経験してほしいということです。

　実は，少年院では「矯正心理劇」と呼ばれる方法が関心を呼んだ時代がありました。しかし，大変残念ですが，いまはドラマによる教育法を行っているところは少ないと思います。実はソシオドラマは簡単に誰でもできる方法というわけではないのです。経験のある人から，いろいろ教えてもらいながら，長年かかって理論と技法を自分のものにしていく必要がある教育法です。一人でも多くの少年院教官がこの方法に関心を持ち，この方法が少年院で実施されるように協力してほしいと思います。

　いま，日本各地にサイコドラマ，ソシオドラマ，プレイバック劇場，ドラマセラピーなどの方法を研究している人たちがいます。心の治療や教育や自分たちの楽しみのために演劇的な手法を活用している人たちもいろいろなところにいます。そのような外部の専門家と連携して，ソシオドラマを実施する少年院が一つでも多くなってほしいと願っています。

（注1）Helen Osborn, "Record Material – Direct Help or Referral," in <u>Toward</u> <u>Professional</u> <u>Standard.</u>（Selected Papers for the year 1945 and 1946），American Association of Group Workers, pp. 100-102, 1947）

（注2）高良聖『サイコドラマの技法』p.168，岩崎学術出版社，2013.

（注3）Patricia Sternberg & Antonina Garcia : Sociodrama, 2nd ed., Praeger Publishers, Xiv, 2000.

（注4）前田ケイ「被害者の視点を取り入れた少年院教育」社会福祉研究，第91号，pp.2-10, 2004.

# 付　　録

> 1. グループワークで使える技法の解説をする。
> 2. メンバーの気持ちや考え方，対人状況などを知るためのいろいろなアンケートを紹介する。
> 3. ウォーミングアップやグループづくりに使える多様なカードを紹介する。

## I　重要な技法の解説

　グループワークで使えるいくつかの技法を解説する。よいタイミングをキャッチし，技法を巧みに使い，利用者にベスト・サービスを提供しよう！　ここで紹介する技法はサイコドラマ（心理劇）に由来するものが多いが，私はSSTにも応用して，SSTの目的を達成している。サイコドラマについては第8章の少年院のソシオドラマで説明した。

### 細分化

　大きな問題を解決しやすいように部分，部分に分けて取り扱う（partialize）ソーシャルワークの技法。SSTでよく行われる当事者の希望する最終目標から，さらに中間目標，現在の目標を決め，そのために「いまできる練習課題」を決めるのも，この細分化の概念を応用しているといえる。対人スキルを小さな段階（スモール・ステップ）に分けて，一つひとつ学習していく考えも同じ。

## ロールプレイ

ロール（role）とは役割のことであり，ロールプレイとは，その場で必要な役割の人になって，その役割を演じてみること。もともとはサイコドラマを集団精神療法として発展させた精神科医ヤコブ・モレノの考案による技法。教育や治療の目的のために使われることが多いが，SST の「行動リハーサル」にも不可欠の技法である。

サイコドラマでは，監督（ディレクター）と呼ばれる治療者の支援によって，劇の手法を使いながら，いろいろな場面に必要な人物を登場させてその役割を演じながら，主役が自分自身の葛藤について洞察を深めるのが主な目的である。そのためにモレノは，サイコドラマを展開するなかで，ロールプレイを親，子などの「社会的役割」と，いろいろな心理状態にある自分や相手を演じる「心理的役割」と，複数の自分が自分の分身（ダブル）と対話を行う，「サイコドラマ的役割」の三つの役割を考えた。サイコドラマでは場面に応じて演じ分けることがある。たとえば「人を愛したい自分」と「人から離れたい自分」を登場させ，二人の「自分」の気持ちを自分の分身同士で対話するなどはサイコドラマの手法である。

それに比べて，SST の「行動リハーサル」では，ロールプレイが不可欠であるが，ここでは，あくまでも現実の状況における適切な行動を学習するために，現実の人物の役割をロールプレイで演じるという特色がある。

## 役割交換（role reversal）

自分でない人になってみて，支援者の質問に答えることによって，その人物像がわかるようにする技法。サイコドラマでは，別の人になってみて，その人の役割を演じることにより，その人物と主役との関係について新しい気づきを得たりする。

SST で用いる役割交換は，当事者以外は誰も知らない人（たとえば，当事者に本人の父親になってもらうため）に役割交換をして，それによって，その人の父親役を演じてくれる人が，演じやすい情報を提供することが多い。

## 役割インタビュー（ロールインタビュー）

　もともとはサイコドラマの技法。その役割をとる人にその役割でいろいろな質問に答えてもらう技法。ここではSSTのなかで，二つの目的で行われる役割インタビューを説明する。

(1) 本人の練習課題を見つけるために，本人の日常のコミュニケーションの実際の相手役になってもらって，質問に答えてもらう目的で使う。
　　たとえば本人の母親になってもらい，母親のつもりで質問に答えてもらう。

支援者「お母さんですね。あなたは毎日，息子さんの朝ご飯を用意してあげるんですか？」
母親（当事者が母親役として答える）「はい」
支援者「朝ご飯は息子さんと一緒に召し上がるのですか？」
母親「いいえ。息子は10時過ぎに起きてくるので」
支援者「そうですか。お母さんは息子さんの顔を見たら何とおっしゃるのですか？」
母親「お早うと言います」
支援者「息子さんは？」
母親「うん，と言います」
支援者「わかりました」

　**解説**：その後の展開。息子のSST課題を決めるために，3人のグループメンバーにそれぞれ，母と息子のペアになってもらい，自由に二人の会話を演じてもらった。当事者はその様子をみている。息子役の人は母親に自分から「お早う」と言ったり，「いい天気だね」とか「今日の調子はどう？」と言う人もいた。それらを見ていた当事者は「やっぱり，うん，でなくて，お早うというのがいいかなと思った」と言い，「母親におはようと言う」練習課題がきまった。練習したあとでみんなから，いいところを褒められて自信を持った当事者は，自分から「1週間続けて，母親におはようと言う」を宿題にした例がある。

(2) SSTで，練習をする人の相手役になった人に，その役割の人物として
　　話しかけることによって，自分が演ずる人の役割や場面に心理的準備
　　をする目的で行われる。

　たとえば当事者が診察の時，医師に自分が眠れないことを訴える場面で，医師
の役をすることになった人に対して，支援者が行う役割インタビューの場合。

支援者「お医者さんですね。お疲れ様です。次の患者さんは○○さんですが，も
　　う長年，先生の患者さんですね？」
医師役「はい，そうです」
支援者「ご本人はとても先生を信頼しておられますので，今日も話を聞いてあげ
　　てください。よろしくお願いします」

　解説：いきなり，医師役をするよりも，ほんの30秒程度，このような会話を
することにより，医師を演ずる準備ができる。

## ミラー

　サイコドラマで使われる技法。主役に自分の状況を第三者のように遠くからみ
ていてもらう技法。鏡に映すように，というところからミラーと名付けられたが，
現代ならば，さしずめ「動画法」とでも言って，場面をみてもらうのもよいだろ
う。SSTのモデリングは適切な行動のお手本を見せるために行うが，ミラーは
自分が登場して演ずる場面を他の人に演じてもらう様子を見ることによって自分
の練習課題を明確に意識してもらったり，宿題の実行に動機づけることができる。

## 尺度法（スペクトログラム）

　サイコドラマの技法をSSTでも応用できる。たとえば支援者が「自分のコミュ
ニケーション能力」を自分で点数をつけてみて欲しい，とメンバーに頼み，0か
ら10または0から100までを設定し，自分がその尺度のどこにあてはまるかを
自分で決めて，メンバー全員にその場所に立ってもらう。それをさらに練習に

よって，どこまであげたいか，その点数まで動いてもらい，動いた点数が多い人から練習を始めるなどを行う。椅子に座ってばかりいる体勢を変えて，動いてもらうだけでも，グループは活性化する。

サイコドラマより，ずっとあとに登場した認知行動療法でも「点数化」の技法をとりあげていて，自分の感じ方を操作できる数字に置き換えて，改善のために動機づけたり，効果を測定したりする。点数化の技法の例が第2章42-43頁にある。自分の思うところにすぐ動ける人ばかりでなく，人の思惑に支配されて，自分の立つ場所を決める人もいるので奥深い。

## カーテン技法

サイコドラマで使われる技法。第8章227頁の少年院のソシオドラマでも使っている。SSTでも使うことができる。たとえば，リーダーにコリーダーが意見を言いたいとき，メンバーのいる前でカーテンを引き，コリーダーがリーダーに「ちょっと，このAさんの練習がとても役にたつ練習なので，この同じ練習課題で，誰かもう一人練習する人はいないか，聞いてみるのはどうでしょうか」と言うことがある。みんなに聞こえる声ではっきり言うのが大事。聞いているメンバーに，これからやることについて，スタッフ同士の打ち合わせを公開することによって安心を強め，練習への動機づけになる効果がある。

## 金魚鉢技法（フィッシュボウル技法）

グループのなかで，同じ属性をもつ人たちがサブ・グループを作って，自分たちだけが話し合うのを，別のグループのメンバーに聞いてもらう方法。この技法はカナダで夫婦療法を行っている知人から教えてもらった。複数のカップルが集まって，自分たちの問題を話し合うとき，男性だけが内側に輪を作り，自分たちで話し合うのを見守っている女性たちに聞いてもらうとき，みんなで話し合うときよりも，もっとリラックスして，もっと自由に意見が言えるとのこと。第7章176-177に筆者の実践を述べている。

## L 字技法

メンバーが正のフィードバックをするなかで，誰も取り残されないようにするためのわたしの工夫。第 7 章 182-183 頁の説明のなかで紹介している。

## 独白・独り言（モノローグ；monologue）

サイコドラマで使われる技法で，主役が自分のドラマで取り上げたいテーマを明確にするために，あるいは自分の気づきを明確にするために，監督と一緒に舞台を歩き回りながら，独り言をいう技法。これを応用して，ほかのグループワークの場面でも，本人が自分の意見がまとまらない場合には，支援者が「ちょっと，一緒に歩きながら，自分の思っていることを一人で口に出してみましょう。だんだんいいたいことがまとまってくるかもしれませんから」と誘うことができて，役に立つ技法である。

## その場シェアリング

サイコドラマではドラマが終わった後，そのドラマを見て，自分がどう感じたかを話す時間をシェアリングと呼ぶが，この「その場シェアリング」は，グループ会合の途中で一人のメンバー（以下，当事者という）が話したことについて，ほかのメンバーがどう感じたかをすぐその場で，話し手に伝える技法で，わたしはよく使っている。

話し手が辛い体験や頑張った体験などを話して，メンバーが共感している様子が見えるとき，話し手の隣りに誰も座っていない椅子を置く。メンバーのなかで，誰でも話し手に自分の気持ちや話に関連する体験を話したい人は，その椅子まで歩いていって座り，話し手に向かって話す。意見や批評ではなく，あくまでも自分自身について語ることに限定するのは，サイコドラマのシェアリングと同じ。結果としてグループのなかに共感し合う仲間を増やし，サポートしあう力を強める。第 7 章 184 頁にも説明してある。

## インスタント・サーベイ（即席調査，その場調査）

　メンバーが解決を希望する課題について，グループ全員の意見をその場で知るために，わたしが使っている技法。第8章202頁の「誰でも参加できるSST」に紹介してある。別の例を一つあげる。店長に叱られ大泣きをして，もう明日は仕事をやめようと「誰でもSST」に参加した女性の話を聞いて，支援者の私はすぐその場で「上役に怒られて大泣きして仕事を辞めたいと思った人は？」と全員に聞いたところが，半数以上の人が手を挙げたので，その女性は仕事をやめるのを思いとどまり，「店長に謝る」を練習して帰った。

## 天使の技法

　自分のための守護神がいることを信じますか？　サイコドラマでは，そのような天使を登場させることがあります。自分を守る天使になってみて，天使の立場から自分自身を紹介するウォーミングアップもなかなか楽しいもの。第8章205頁の「誰でも参加できるSST」のなかで，この技法を使った例を述べている。

## II　アンケートで必要な情報を集めよう

　利用者のリハビリテーションのために，必要な情報を集めるためのアンケートを紹介します。

1. 自分の"よいところ"をしらべましょう
   コメント：様子を見ていて支援者がヒントをあげましょう。第6章，151頁のアンケートを参照してください。
2. わたしの時間の過ごし方
   コメント：このアンケートで，ある利用者が毎年お盆には家族や親戚で一緒にお墓参りに行くことがわかったので，お盆が近くなった頃，「お墓参りのときに，親戚の人と話す」よい練習ができました。
3. サポートサークルで自分の人間関係を考える
   コメント：これから必要な人間関係を考えるのに役に立ちます。自分に近いサークルには家族が書かれることが多いのですが，一番外側に父親を書く男性がけっこういます。父親の理解を深めるため，「父親だけの集まり」も効果があります。
4. 自分の対人スキルしらべ　5. 私が練習して身につけたい対人スキル
   コメント：4も5もあくまでもヒントと思って下さい。
6. 落ちこんでいる気分をアップするには
   コメント：利用者の年齢や住んでいる環境によって，具体的活動は違いますので，必要に応じて，アンケートを作り直しましょう。
7. 生活と心の健康しらべ
   コメント：点数化を使ったアンケートです。必要なら助言してあげましょう。
8. 仕事に必要なスキル（能力）を考える
   コメント：仕事には人間関係能力と作業能力の二つが必要で，どちらも充実した職業生活には不可欠です。どの項目も練習によってだんだん力がついてくることは実証ずみです。希望をもって取り組みましょう。

## 自分の「よいところ」をしらべましょう

名前 ＿＿＿＿＿＿＿＿＿＿　　記入日 ＿＿＿＿＿＿

1. 自分の性格や行動のよいところ（長所）を10あげてみます。

　　1)

　　2)

　　3)

　　4)

　　5)

　　6)

　　7)

　　8)

　　9)

　10)

1. 自分の考え方や行動の取り方で，ここを直したい（もっとよくしたい）と思っていることを三つ書いてみましょう。

　　1)

　　2)

　　3)

## わたしの時間の過ごし方

名前 _____　　　記入日 _____

1. 毎週，決まってすること
   月曜日 _____
   火曜日 _____
   水曜日 _____
   木曜日 _____
   金曜日 _____
   土曜日 _____
   日曜日 _____

2. 毎月，必ずやっていること

   _____

3. 毎年，必ず，実行するように心がけていること

   _____

4. 時間があれば，楽しんでやっていること

   _____

5. 自分の時間の使い方で，改めていきたいところを書いて下さい
   （将来への希望）

   _____

## サポートサークルで自分の人間関係を考える

真ん中のあなたを囲む，三つのサークルがあります。

①あなたに一番近いサークルのなかにはあなたがとても，とても大事に思っている人たちを書いて下さい（母，弟，親友など）

②次のサークルのなかには，あなたの生活を支えている大事な人たちを書いて下さい（施設の職員，福祉事務所のワーカーなど）

③一番外側のサークルのなかには毎日の生活で交流をもっている大事な人たちを書いて下さい。どのサークルにも，何人書いても OK です。その人の名前を書いてくださってもいいです。これは人には見せない書類として保存され，あなたとの面接でだけ，使われます。

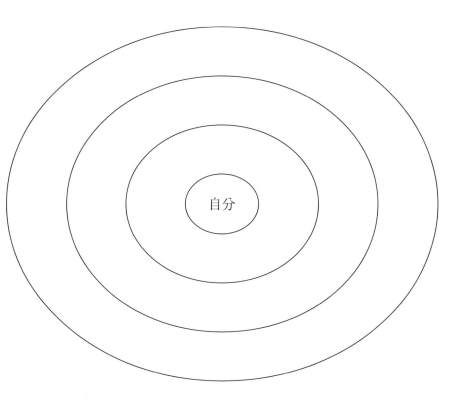

## 自分の対人スキルしらべ

名前 _____　　　記入日 _____

| 3－よくできる | 2－まあまあできる | 1－できない |
|---|---|---|

①それぞれの項目に当てはまる点数を入れてみましょう。
②練習したい課題の番号に○をつけてください。

　　　　　　　　　　　　　　　　　　　　　　　　　　　　点数

1. 職員に困っていることを相談する　　　　　　　(　　　)
2. メンバーの誰かと雑談をする　　　　　　　　　(　　　)
3. メンバーの誰かをカフェやカラオケなどに誘う　(　　　)
4. メンバーの依頼を断る　　　　　　　　　　　　(　　　)
5. 家族とお喋りをする　　　　　　　　　　　　　(　　　)
6. 家族に自分の希望や目標を伝える　　　　　　　(　　　)
7. 家族に協力を依頼する　　　　　　　　　　　　(　　　)
8. お店の人に品物について質問する　　　　　　　(　　　)
9. 近所の人にあいさつをする　　　　　　　　　　(　　　)
10. 主治医に自分の症状を説明する　　　　　　　　(　　　)
11. 主治医に自分の生活の様子を話す　　　　　　　(　　　)
12. 信頼する人に将来について相談する　　　　　　(　　　)


そのほか，あなたが SST で練習してみたいことがありますか？

_____

## 私が練習して身につけたい対人スキル

名前 _____　　　記入日 _____

　社会生活で必要になる対人スキルのいくつかを並べてみました。行動を上手にとることができる能力をスキルといいます。いまのあなたの実力を数字であらわすと何点になりますか？

| 3（よくできる） | 2（まあまあできる） | 1（あまりできない） |
|---|---|---|

希望する練習には番号に○
自己採点

_____　1.　人の話を聞いて，それに関連する質問をいくつかする

_____　2.　相手の良いところをほめる

_____　3.　人に感謝したいことを言葉にして伝える

_____　4.　相手の頼みや誘いを断る

_____　5.　仕事の指示がわかったことを伝える

_____　6.　近所の人の「どちらへお出かけ？」という
　　　　　　　軽い質問に軽く答える

_____　7.　店員からの話しかけに「今日は見るだけです」
　　　　　　　と軽く伝える

ほかに，あなたが練習したい行動は？

_____

## 落ちこんでいる気分をアップするには

生活していると，気分が落ち込むことは誰にでもあります。そんな時，あなたはどんな方法で気分を晴らしますか？　できることはたくさんあります！

やっていることに◎，やりたいことに○をつけて下さい。

1. **家で一人でもできること**
   1）自分の好きな場所で昼寝をする
   2）ゲームをしたり，動画をみる
   3）甘い物を食べ，ゆっくりお茶やコーヒーを飲む
   4）昼間に入浴剤を入れ，お風呂に入る
   5）ペットやぬいぐるみと遊ぶ
   6）冷たいフルーツを食べる
   7）手を動かして作業をする (工作や刺繍，絵を描くなど)
   8）好きな音楽を聴く
   9）人からもらった葉書や手紙やメールなどを読みなおす
   10）ゆっくりと好きな歌を歌う
   11）漫画や聖書や仏典や楽しめる本を読む
   12）お香をたいて，香りを楽しむ

2. **家でほかの人と一緒にすること**
   13）家族などに愚痴を聞いてもらう
   14）マッサージをしてもらう
   15）気の合う人に長電話をする
   16）料理を手伝ってキャベツなどを刻む
   17）感動する DVD などを見て泣く

## 3. 外ですること

18）公園にいってブランコに乗る

19）プールでのんびり泳ぐ

20）激しい運動をして汗を流す

21）カラオケに行く

22）電器店でコンピューターを見たり，いじる

23）新しい洋服を思い切って買う

24）映画や観劇に行く

25）美術館に行って絵を見る

26）本屋さんで立ち読みをする

27）散歩をして，よその庭の花を楽しむ

28）カメラを手にしてきままに写真をとる

29）海を見に行く

30）しゃれたカフェやレストランに入る

31）美容院や理髪店に行く

32）会うと楽しい人に会いに行く

33）マッサージに行く

34）森林浴に行く

35）星空が見えるところに行く

36）温泉に行く

37）ウインドウショッピングをする


## 4. ほかにあなたが工夫して実行している活動をお書き下さい

1）

2）

3）

## 5. これらの活動調べをしてみて，どんな感想を持たれましたか？

## 生活と心の健康調べ

身体の健康と同じように「生活と心の健康」についての研究も進んでいます。自分の生活と心の健康の現状を考えてみて，いまの状態に点数をつけ，これから3ヶ月先に到達させたい目標にも点数をつけてみましょう。最高は10点です。

名前 _____　　記入日 _____

1. 規則正しく，栄養に気を配った食事をする　　いま_____目標____
2. 歯みがき，髪の手入れ，着る服などに気をくばる　　いま_____目標____
3. 手持ちのお金を考え，金銭管理をうまくする　　いま_____目標____
4. 団体の規則を守り，自分の役割をはたしている　　いま_____目標____
5. 気楽に話せる何人かの友達ができた　　いま_____目標____
6. 感情を自分でコントロールする力がついてきた　　いま_____目標____
7. 世間のいろいろな人と話せるようになってきた　　いま_____目標____
8. 職員や福祉などの人にいろいろな相談ができる　　いま_____目標____
9. 余暇活動を充実させるように努力している　　いま_____目標____
10. 生活の充実感が次第に強くなってきた　　いま_____目標____

11. その他，あなたが大事にして目指している目標は：

_____

この「生活と心の健康調べ」を書いて，感じたことを自由に書いてください。

_____

_____

## 仕事に必要なスキル

名前 _____　　記入日 _____

仕事に必要な自分のスキルについて考えてみましょう。それぞれの項目のまえにできないX，まあまあできる〇，よくできる◎などをつけてみましょう。

### 初級

1．人間関係スキル

_____ 1）職場の同僚や上司に自分から挨拶をする
_____ 2）仕事で関係のある人（依頼主やお客さんなど）に挨拶をする
_____ 3）いろいろな人と世間話をする
_____ 4）個人的な質問にも気持ちよく答える

2．作業スキル

_____ 1）指示された仕事の内容が分かったことと自分のやる気を伝えて，返事をする
_____ 2）指示されたことがよく分からないときは，聞きかえしたり，質問をする
_____ 3）指示された仕事が終わったことを報告し，次の指示を受ける

### 中級

1．人間関係スキル

_____ 1）自分から話しかけて，いろいろな人と話しをする
_____ 2）人に感謝の気持ちを伝える
_____ 3）ストレスを感じても，関係をこわさずに対処できる

2．作業スキル

_____ 1）人に助けを求めたり，助けたり，協力して仕事をする
_____ 2）もっとうまくやるために，人に相談したり，教えてもらう
_____ 3）いいやり方を思いついたら，積極的に意見を伝える

上のほか，必要だと思う仕事のスキルがあれば，お書きください。

_____

## Ⅲ　いろいろな目的のために使えるカードを工夫しよう

雪の思出はありますか？

　以下はあくまでも，読者の参考のためです。ご自分が担当する当事者を思い浮かべて，コミュニケーション・スキルをアップするために，楽しいオリジナルなカード作りにチャレンジしよう！　扱いやすい，名刺サイズのカードがいいでしょう。

　どのカードもグループの人数より多い枚数を用意する。リーダーが裏返しにしたカードを手に持ち，それぞれのメンバーにひいてもらい，その人が取り替えたかったら，何回でも取り替えることができるルールにしておく。時には２枚ずつ渡して，本人にそのどちらの話題で話すかをきめてもらう。もちろん，２枚とも取り替えたいという人には新しい２枚のカードを渡す。カードの数は十分に用意しておく。

　ここで紹介するのは五種類のカードで，①できますカード，②会話カード，③意見交換カード，④スピーチカード，⑤場面カード，⑥想像カード，です。

# 1.「できますカード」

　これは，あまり人の前で話す自信のないメンバーが多いグループのなかで，「ためしにやってみよう」と促すのによいカードです。

## ＊できますカードの例
- メンバーのなかで，自分と同じ誕生月に生まれた人と「好きな食べ物」について話ができます。
- メンバーを誰でも一人選んで，その人の「好きなスポーツ」について質問できます。
- リーダーに「なぜ，いまの仕事を選んだのか」について質問できます。
- リーダーに「好きなテレビ番組」について質問できます。
- 「お正月はどのように過ごす予定か」について，みんなに話せます。

# 2.「会話カード」

　これは，2人か3人の小さなグループを作って，そのカードのテーマに関する会話をしてみる練習用のカードです。

## ＊会話カードの例
- 自分の好きなお花や植物について話してみましょう。
- 自分の好きなペット，もし飼えたら飼いたいペットについて話す。
- 子どもの頃，買いたかったけど，買えなかったものはなんでしょう。
- 息が止まるくらい，怖い思いをした経験はありますか？
- 最近，身の回りで起こった「小さな幸せ」について話します。
- 私にとって「特別な日」という日付について話します
- 私が思わず目が潤んでしまうのはこんなときです。
- 私が好きな歴史上の人物について話します。
- 子どものときに夢中でやった遊びについて話します。
- 修学旅行の忘れられない思い出について話します。

・今でも覚えている，人から褒められて嬉しかった思い出を話します。

・私が苦手とするものについて話します。

・いつの間にか，たまってしまって困っているものについて。

・ちょっと，他の人からアドバイスをもらいたいことについて。


## 3.「意見交換カード」

2人，または3人で，このテーマについて話し合い，自分の意見も話し，他の人の意見も聞くという経験のためのカードです。


＊意見交換カードの例

・栄養に気をつけながらも，食費を節約する方法は？

・どうやって，身の回りの整頓ができるだろうか？　気をつけたいポイントは？

・市や町の体育館や図書館を上手に使う方法はありますか？

・忙しそうに見える職員にどうやって，自分の相談にのってもらえるか？

・生活費全体を節約するための工夫のポイントはあるだろうか？

・体力をつけて，健康に過ごすための工夫は？

・家族とうまくやっていくためには？

・主治医に話したいことを話せるいい方法とは？


## 4.「スピーチ・カード」

このカードは一人が全体の前で話す練習のためのカードです。

話す前に自分が心がけること，たとえば，大きな声で話す，とか，笑顔で話すとか，全体を見渡して話すとか，よい話し方のポイントを一つあげて，その点を意識しながら，話すという練習にしてもいい。


＊スピーチ・カードの例

・私が一度は乗ってみたい乗り物について話します。

・一日のうち，自分にとって大切な時間，について話します。

・これだけは止めた方がいいよ，とみんなに言いたい私の失敗について。

・都会の人にはわからない農村の生活の魅力について話します。

・私の「雪の思い出」について話します。

・大きくなったらこんな職業もいいかな，と子どもの頃に考えた職業は？

・もう一度，あそこに行って，あの景色をみたいなと思う景色は？

・これから，こんなことに力を入れていきたいと自分が思っていること。

・コロナのために家にいて，始めて気がついたことについて話します。

・子どもの頃に好きだった食べ物や飲み物の思い出について話します。

・不思議なこともあるもんだなあ，という私の実体験について話します。

・最近，私がはまっていること，私のマイブームについて話します。

・私のこころや生活を支える「とても大事な言葉」について話します。

・私の人生に大きな影響を与えてくれた人について話します。

## 5.「場面カード」

　生活していると，こんな場面に偶然出会ってしまったということがあるものです。一体，どうしたらいいのか，考えてしまう場面のカードです。さあ，どうしましょうか。その場面を実際にロールプレイで演じてみて，適切な行動をみんなで考えてもいいですし，希望者に自分が思う適切な行動を練習してもらってもいいです。

　いろいろな場面カードの例は『基本から学ぶSST』という私の本にたくさん紹介してあります。

　（注：前田ケイ『基本から学ぶSST―精神の病からの回復を支援する』星和書店，2013）

＊場面カードの例

　＊あなたは道を歩いていました。前を歩いている人がたくさん荷物を抱えていて，そのうちの一つ，大きな封筒を道路に落としてしまいました。その人は

それに気がつかないで歩いていきます。さあ，あなたはどうする？

＊駅のトイレに入ったら，フックに袋がぶらさがっていました。誰かが忘れたんだと思ったあなたは，駅員さんに届けようと思って，袋を手にし，トイレを出ました。すると，そこに人が来て，「アッ，それ，私のです！」とすごい勢いで，そのバックをあなたから奪いました。さあ，あなたはどうする？


## 6.「想像カード」

　これは日頃，あまり考えてみたことがない課題について，想像の翼をのばしてみる楽しい練習です。日頃，静かにしているメンバーから思いがけない，すばらしいアイデアが発表されて感激するかもしれません。

＊想像カードの例
　・あなたはどこにでも吹くことのできる風です。どのような景色のなか，どのように吹いてみたいですか？
　・あなたは一本の樹です。どんな樹でどこに根をおろしていますか？
　・もし，夢が叶うなら，誰に会って，どんな話をしたいですか？
　・もし，生活が豊かだったら，こんなことを楽しみたいなと思うことは？
　・あなたは何でもできる人です。誰にどんなプレゼントをあげたいですか？
　・もし，あなたが総理大臣だったら，どんな日本にしたいですか？
　・天使があなたに５万円をくれました。これを全部，人のために使いなさいと言われます。さて，あなたはこのお金をどう使いますか？

# あとがき

　まず，私に仙台で実践の場を与えて下さった原敬造先生とNPO法人シャロームの会の菊地康子様にお礼を申し上げます。

　この本を書くために，多くの先生方の研究や実践から学ばせて頂きました。本の中に引用を許していただきました池淵恵美先生，齋藤正彦先生，窪田彰先生，長谷川直実先生，鈴木映二先生，本当に有り難うございました。

　よいグループ実践の例として，お働きを紹介することに許可をくださった依田麻美様，黒田大介様，才門辰史様，品田秀樹様，山本繁樹様，本間恵美子様，河島京美様，浅井久枝様，新田和子様に深謝いたします。

　アメリカの団体の正しい日本語表記について教えて下さった福島喜代子先生，有り難うございました。

　私の原稿を部分的にですが，読んで頂き，有用なご意見を聞かせて頂いた大勢の学びの友に心から感謝しております。岩崎由美子様，岡田澄恵様，清水有香様，伊藤恵里子様，野村和孝様，松浦幸子様，津川恵美子様，林史学様，高階由美子様，依田留美様，新敏子様，小原ちはる様，お支え有り難うございました。

　また，パソコンを新しくして，まごまごしている私のお願いに，いつもすぐ，部屋にとんできてくださり，あっという間に，問題を解決してくださったエバーグリーンホーム・寺岡の施設課職員の皆様，本当にお世話になりました。

金剛出版の社長，立石正信様はいつも送った原稿にすぐ励ましのメールを下さり，また編集上のたくさんの助言をして下さりおかげで元気に仕事を続けることができました。松浦素子さんには心が和む可愛いイラストを多く書いて頂き，本当に有り難く思っております。

　この本を2021年の9月からアメリカのソーシャルワーク大学院に入学する孫に献げます。彼女は入学許可をもらった喜びをメールで知らせてくれました。「個人やコミュニティに奉仕し，公正な社会を築いていく一助となれることを楽しみにしています」と書いてありました。これからの勉学とソーシャルワーカーとしてのキャリアに祝福を祈ります。

2021年9月

前田ケイ

256

**著者紹介**

**前田ケイ**（まえだ・けい）

ハワイ大学社会学部社会学科卒業，BA。

コロンビア大学ソーシャルワーク大学院修士課程卒業　MS。

ルーテル学院大学及び大学院で，ソーシャルワーカーと臨床心理士を目指す人達の教育にあたる。現在，ルーテル学院大学名誉教授。

SST 普及協会の SST 認定講師及び顧問

1983 年よりサイコドラマを学び始める

1988 年より東京大学附属病院精神神経科デイホスピタルで，医師らと SST の日本への導入に努力，日本各地での精神科患者のリカバリーのために SST が活用されるように尽力している。また，矯正教育や更生保護事業での SST の実践にも関わり，保護司など，支援者の養成にもあたっている。

2003 年，瀬戸山賞受賞

**[著書]**

「ビレッジから学ぶリカバリーへの道」（監訳 / 金剛出版，2005），「SST の技法と理論：さらなる展開を求めて」（共著 / 金剛出版，2009），「幻聴が消えた日」
（監訳 / 金剛出版，2009），「SST ウォーミングアップ活動集（新訂増補版）」（金剛出版，2021），「基本から学ぶ SST」（星和書店，2013），「生きる力をつける支援のために：保護司面接のための SST マニュアル，DVD 付き」（日本更生保護協会協会，第二版，2019）など。

# 私の体験的グループワーク論
## ——現場ですぐに役立つ実践技法を伝えます——

2021 年 12 月 1 日　印刷
2021 年 12 月 10 日　発行

著　者　前田　ケイ
発行者　立石　正信
印刷・製本　株式会社イニュニック
装丁　臼井新太郎
装画・本文イラスト　松浦素子

株式会社　金剛出版
〒 112-0005　東京都文京区水道 1-5-16
　　　　　電話 03（3815）6661（代）
　　　　　FAX03（3818）6848

ISBN978-4-7724-1871-3　C3011　　　　　　　　　Printed in Japan ©2021

# SST ウォーミングアップ活動集 新訂増補版
## 社会的スキル学習を進めるために

[著]=前田ケイ

●A5判 ●並製 ●168頁 ●定価 **2,640** 円
● ISBN978-4-7724-1818-8 C3011

参加者の特色を活かした
ウォーミングアップ活動を紹介。
教育・福祉・矯正教育現場での
応用可能性のヒントを付け加えた新装版登場。

# 幻聴が消えた日
## 統合失調症 32 年の旅

[著]=ケン・スティール クレア・バーマン
[監訳]=前田ケイ [訳]=白根伊登恵

●四六判 ●並製 ●280頁 ●定価 **2,640** 円
● ISBN978-4-7724-1093-9 C3047

統合失調症と闘いとリカバリーの記録。
当事者でなくてはわからない現実と
アメリカにおける精神医療制度の光と影が浮かび上がる。

# SST の技法と理論
## さらなる展開を求めて

[編著]=西園昌久

●A5判 ●並製 ●192頁 ●定価 **3,080** 円
● ISBN978-4-7724-1116-5 C3011

SST を，理論，技法，トレーニング，効果，EBM，
各領域での展開といった視点から多角的にとらえ，
これまでになされてきた実践と研究の集大成を図る。
SST を包括的にふかく理解するための一冊。

価格は 10%税込です。

## 改訂増補 セルフヘルプ・グループと サポート・グループ実施ガイド
### 始め方・続け方・終わり方

［著］=高松 里

●A5判 ●並製 ●184頁 ●定価 **3,080** 円
● ISBN978-4-7724-1803-4 C3011

セルフヘルプ・グループとサポート・グループを
始めたいすべての人に贈る
ロングセラーの初版を大幅にアップデートした決定版。

---

## サポート・グループの実践と展開

［編］=高松 里

●A5判 ●並製 ●256頁 ●定価 **3,080** 円
● ISBN978-4-7724-1099-1 C3011

各地域で活躍するグループ運営者たちが
多領域でのサポート・グループ実践例を報告する実践ガイド。
その多くがモデルケースのない
新しい試みの実践報告となっている。

---

### ソーシャルワーカー・心理師必携
## 対人援助職のための アセスメント入門講義

［著］=スーザン・ルーカス
［監訳］=小林 茂　　［訳］=池田佳奈 久納明里 佐藤愛子

●A5判 ●並製 ●224頁 ●定価 **3,300** 円
● ISBN978-4-7724-1815-7 C3036

成人・家族・子ども・カップルの初回面接法，
成育・自傷他害・虐待歴の聴き取り方を解説。
「見て，聞いて，感じる」アセスメント入門。

---

価格は10%税込です。

# 友だち作りの SST
## 自閉スペクトラム症と社会性に課題のある思春期のための
## PEERS トレーナーマニュアル

[著]=エリザベス・A・ローガソン　フレッド・フランクル
[監訳]=山田智子　大井 学　三浦優生

●B5判　●並製　●400頁　●定価 **4,180** 円
● ISBN978-4-7724-1660-3 C3011

発達障害の特性のなかでも対人関係に課題を抱えた子どもに
上手な友だち作りのスキルを提供する
SST 実践マニュアル。

---

# 友だち作りの科学
## 社会性に課題のある思春期・青年期のための SST ガイドブック

[著]=エリザベス・A・ローガソン
[監訳]=辻井正次　山田智子

●B5判　●並製　●280頁　●定価 **3,080** 円
● ISBN978-4-7724-1554-5 C3011

ソーシャルスキルに課題を抱える子どもと一緒に
友達作りを楽しく実践しよう！
科学的根拠にもとづく
ステップ・バイ・ステップの SST セルフヘルプガイド。

---

## 親子で成長！
# 気になる子どもの SST 実践ガイド

[監修]=山本淳一　作田亮一
[著]=岡島純子　中村美奈子　加藤典子

●B5判　●並製　●180頁　●定価 **2,860** 円
● ISBN978-4-7724-1796-9 C3011

保護者へのペアレント・トレーニングを併用し
発達が気がかりな子の SST を学んでいく
子どもの「できる力」を伸ばす実践ガイド。

---

価格は 10%税込です。

# 統合失調症患者の行動特性 第三版
## その支援と ICF

[著]=昼田源四郎

●A5判 ●並製 ●260頁 ●定価 **3,960** 円
● ISBN978-4-7724-1793-8 C3011

統合失調症でみられる行動特性の
背景には何があるのか？
行動上の諸特性を解説し，
統合失調症患者の全体像を明らかにする。

# 病棟に頼らない地域精神医療論
## 精神障害者の生きる力をサポートする

[監修]=伊藤順一郎
[編]=小林 茂 佐藤さやか

●A5判 ●並製 ●272頁 ●定価 **3,960** 円
● ISBN978-4-7724-1625-2 C3047

医療者・当事者・家族の挑戦と実践知を結集した
入院治療中心から地域生活中心へと移行する
「来たるべき地域精神医療」のための必携ガイド。

## 地域で暮らそう！
# 精神障害者の地域移行支援・地域定着支援・自立生活援助導入ガイド

[著]=岩上洋一 一般社団法人 全国地域で暮らそうネットワーク

●B5判 ●並製 ●148頁 ●定価 **2,420** 円
● ISBN978-4-7724-1653-5 C3036

新サービス「自立生活援助」に対応。
「精神障害にも対応した地域包括ケアシステム」を見据えた，
明日から使えるサービス導入ガイド。

価格は10%税込です。

# 多機能型精神科診療所による
# 地域づくり
## チームアプローチによる包括的ケアシステム

[編著]＝窪田 彰

●A5判 ●並製 ●288頁 ●定価 **2,970** 円
● ISBN978-4-7724-1462-3 C3047

多機能型精神科地域ケアはまだまだ発展途上にある。
日本に合ったシステム作りには何が必要なのか？
現状を解説する。

---

# リカバリー
## 希望をもたらすエンパワーメントモデル

[著]＝カタナ・ブラウン
[監訳]＝坂本明子

●A5判 ●並製 ●240頁 ●定価 **3,300** 円
● ISBN978-4-7724-1255-1 C3047

世界中の精神保健医療福祉に
インパクトをあたえ続けている「リカバリー」について
先駆者の議論を集めた，
精神障害者リカバリーモデルの思想と技術。

---

### 地域における
# 多機能型精神科診療所実践マニュアル
## 乳幼児から成人までの地域包括ケアシステムを目指して

[編著]＝大嶋正浩

●B5判 ●並製 ●202頁 ●定価 **3,520** 円
● ISBN978-4-7724-1535-4 C3047

患者（利用者）にとって必要なこととは何か，
という視点に立って活動を進めてきた結果，
成立した多機能型精神科診療所の軌跡を紹介。

---

価格は10%税込です。